PADRE NUESTRO

PADRE NUESTRO

NUESTRO MODELO DE ORACIÓN

ALBERTO PARÁS

PADRE NUESTRO

Este libro está dedicado a mi padre y amigo
Alberto Parás Pagés
gracias porque con tu vida me has enseñado tanto de Dios, que
me es fácil relacionarme con Él como un Padre bueno y cercano.

A todo el equipo de oración de Iglesia PAZ.
Es una aventura fantástica descubrir nuevas profundidades
del Reino de Dios
en la oración juntos.

Hermosa Carolina, es un sueño vivir a tu lado.
Gracias por tu dedicado trabajo de edición.

Gracias,
Carlos Cuatzo, por el extraordinario trabajo de diseño y
Rebeca Domínguez por la excelente revisión.

ÍNDICE

CAPÍTULO UNO   **LA ENSEÑANZA DE JESÚS SOBRE LA ORACIÓN** 9

CAPÍTULO DOS   **CÓMO NO ORAR** 27

CAPÍTULO TRES   **CÓMO ORAR** 41

CAPÍTULO CUATRO   **EL PADRE NUESTRO** 55

CAPÍTULO CINCO   **NUESTRO PAPEL EN LA ORACIÓN** 69

CAPÍTULO SEIS   **EL PAPEL DE DIOS** 87

CAPÍTULO SIETE   **DIOS ES UN PADRE QUE ES Y QUE SERÁ** 103

CAPÍTULO OCHO   **NUESTRA INTERACCIÓN CON DIOS** 119

CAPÍTULO NUEVE   **EL TONO DE NUESTRA ORACIÓN** 141

CAPÍTULO DIEZ   **DIOS RECOMPENSA A QUIENES LO BUSCAN** 163

APÉNDICE A   **DECIDIENDO POR CRISTO** 183

APÉNDICE B   **EL LUGAR SECRETO** 187

APÉNDICE C   **SI HE PEDIDO, ¿POR QUÉ NO HE RECIBIDO?** 197

CAPÍTULO UNO

LA ENSEÑANZA DE JESÚS SOBRE LA ORACIÓN

PADRE NUESTRO · PADRE NUESTRO ·

Descrita en
Mateo 6:5-18

INTRODUCCIÓN

¡Dios se ha revelado al hombre!

Y esto se nos ha dado a conocer en el maravilloso libro que llamamos La Biblia. Ahora le toca a cada generación hacer un estudio responsable de este gran legado, descubrir los tesoros que ahí se encuentran, realizar una correcta interpretación de lo que Dios ha hablado y usarlo de forma práctica y poderosa para transformar su diario caminar.

Uno de estos grandes tesoros ahí encontrados es la oración, es decir,

"el conversar y comunicarse con Dios para así lograr una correcta colaboración con Él."

Esta interacción que sucede al orar, donde **personas salvas por gracia** hablan con el **Dios vivo** que quiere escuchar y contestar, debe estar basada en lo que la Biblia nos enseña, lo que Jesús, quien es Dios con nosotros, nos ha revelado[1]. Éste será el enfoque de nuestro estudio en el libro que tienes en tus manos, analizaremos con detalle uno de los pasajes más importantes en donde Jesús enseña a sus discípulos el nuevo estándar del Reino de Dios en cuanto a la oración, lo que conocemos como **"El Padre Nuestro"**.

AL ORAR, SU HERMOSO PROPÓSITO PARA NUESTRAS VIDAS SUCEDE.

Enfocaremos nuestro estudio en el pasaje de "El Padre Nuestro" como lo presenta el apóstol Mateo (capítulo 6 versículos del 5 al 18) y analizaremos el contexto bíblico para tener una interacción con el pasaje completo y entender así lo que el autor quiso transmitirnos.

Seguramente alguna vez te han tomado una radiografía. Qué maravillosa es esta herramienta que permite ver dentro del cuerpo y revelar estructuras y cosas complejas para conocernos mejor. Así pretendo que tomemos este pasaje completo de "El Padre Nuestro" y saquemos una *"radiografía"*, mirando detenidamente para interpretar y descubrir todo el tesoro ahí contenido. Recuerda que este texto de Mateo 6:5-18 fue escrito para ti, porque Dios quiere tener una relación cercana contigo; y para ello, **la oración como Él nos la enseña es indispensable.**

El evangelio según San Mateo es el primer libro del Nuevo Testamento. El Apóstol Mateo narra el nacimiento, el bautizo, las tentaciones de Jesús y el llamado de los discípulos; reporta también el primer acto público del Señor mientras enseña a una multitud el bien conocido "Sermón del Monte", una exposición extraordinaria sobre cómo vivir bajo el nuevo estándar del Reino de Dios[2] (el cual ha llegado con la evidencia de que Jesús, el Hijo de Dios, está entre nosotros).

En este pasaje bíblico al que se le llama "El Sermón del Monte" y que comienza con las bienaventuranzas, Jesús toma el tiempo para enseñar sobre diversos temas como la ley, el enojo, la lujuria, el divorcio, los votos, la venganza, el amar a nuestros enemigos, el uso del dinero y la necesidad de construir con un fundamento sólido nuestro hogar. Es en medio de esta disertación que Jesús da una enseñanza específica sobre la oración. Y en el centro de esta enseñanza, el Señor da un ejemplo extraordinario y conciso de este tema, lo que conocemos hoy como "El Padre Nuestro".

Así pues, ¿por qué no escuchamos a Jesús leyendo en el libro de Mateo?

MATEO 6:5-18

5 «Cuando ores, no seas como los hipócritas, porque a ellos les encanta orar en pie en las sinagogas y en las esquinas de las calles, para que la gente los vea; de cierto les digo que con eso ya se han ganado su recompensa.

6 Pero tú, cuando ores, entra en tu aposento, y con la puerta cerrada ora a tu Padre que está en secreto, y tu Padre que ve en lo secreto te recompensará en público.

7 Cuando ustedes oren, no sean repetitivos, como los paganos, que piensan que por hablar mucho serán escuchados.

8 No sean como ellos, porque su Padre ya sabe de lo que ustedes tienen necesidad, antes de que ustedes le pidan.

9 Por eso, ustedes deben orar así: "Padre nuestro, que estás en los cielos, santificado sea tu nombre.

10 Venga tu reino. Hágase tu voluntad, en la tierra como en el cielo.

11 El pan nuestro de cada día, dánoslo hoy.

12 Perdónanos nuestras deudas, como también nosotros perdonamos a nuestros deudores.

13 No nos metas en tentación, sino líbranos del mal." Porque tuyo es el reino, el poder, y la gloria, por todos los siglos. Amén.

14 Si ustedes perdonan a los otros sus ofensas, también su Padre celestial los perdonará a ustedes.

15 Pero si ustedes no perdonan a los otros sus ofensas, tampoco el Padre de ustedes les perdonará sus ofensas.

16 Cuando ustedes ayunen, no se muestren afligidos, como los hipócritas, porque ellos demudan su rostro para mostrar a la gente que están ayunando; de cierto les digo que ya se han ganado su recompensa.

17 Pero tú, cuando ayunes, perfúmate la cabeza y lávate la cara,

18 para no mostrar a los demás que estás ayunando, sino a tu Padre que está en secreto, y tu Padre que ve en lo secreto te recompensará en público».

En toda esta sección o **perícopa,** Jesús nos instruye sobre la forma en que deben de orar los que están viviendo en el Reino de Dios, y nos marca una clara diferencia entre la manera en que los hipócritas y los paganos lo hacen.

Perícopa: **La palabra proviene del griego para definir una "sección" del inicio al final de un tema, se refiere a un segmento de narrativa. La palabra está relacionada al verbo "corte", y es un grupo de versículos con un sentido unitario coherente. Cuando se lee cuidadosamente el capítulo 6 de Mateo es claro ver que del versículo 5 al 18 se encuentra este segmento de narrativa unitario. En nuestro análisis de El Padre Nuestro tomaremos toda la perícopa que mencionamos para estudiarla, esto nos dará la enseñanza completa de Jesús sobre la oración y el sentido correcto del autor.**

A través del Sermón del Monte encontramos en repetidas ocasiones la exclamación *"han oído que fue dicho"*[3] y a Jesús contrastando esto con ***"pero yo les digo"***[4], colocando así un nuevo estándar a nuestra vida de oración. De igual manera, esto lo hace en el resto del Sermón en temas como el enojo, el dar o el ayuno.

Jesús enseña que la oración de uno debe de ser dirigida directamente al Padre en secreto, buscando sólo Su recompensa y no la de los hombres.

Él apunta a la importancia de perdonar las deudas de otros durante nuestros tiempos de oración; y lo hace evidente repitiéndolo en dos ocasiones en este mismo pasaje. Después de dar algunos puntos importantes sobre la oración, nos muestra una ilustración profunda y práctica sobre la manera y las actitudes que debemos de tener cuando nos dirigimos al *"Padre que está en los Cielos"*[5].

Con el objetivo de obtener todo el tesoro, toda la riqueza y toda la enseñanza, comencemos a analizar en profundidad el contexto histórico en que Jesús da esta instrucción y el estilo literario que el autor -Mateo- plasma en esta parte de su evangelio. Observemos la estructura y movimiento del mismo, y notemos el lugar que tanto la perícopa en estudio, el Sermón del Monte, como el Evangelio de Mateo, tienen en el contexto general del libro más extraordinario que ha existido, la Biblia.

Comencemos.

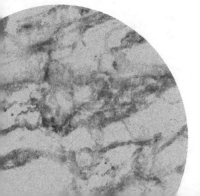

CONTEXTO HISTÓRICO Y LITERARIO DE "EL PADRE NUESTRO"

Volviendo al ejemplo de los Rayos X, antes de inspeccionar una radiografía para analizar el hueso o la estructura que nos ocupe, sería importante observar por un momento el panorama general en donde esta parte se encuentra. Esto es muy importante para tener una referencia al hacer una interpretación de una parte que siempre pertenece a un todo. Igualmente, es nuestro caso durante este estudio el inspeccionar el contexto histórico y literario así como el tener un panorama bíblico general, ya que nos será de mucha utilidad para entender mejor el punto de análisis específico.

El autor del evangelio, Mateo, también llamado Leví[6], es uno de los doce discípulos, un cobrador de impuestos que fue incluido dentro del grupo de los doce más cercanos a Jesús.

*De paso vio a Leví hijo de Alfeo, que estaba sentado
donde se cobraban los impuestos, y le dijo: «Sígueme».
Y Leví se levantó y lo siguió.*
Marcos 2:14

Mateo dirige este Evangelio a sus hermanos judíos del primer siglo en Jerusalén para probarles que Jesús es el Mesías[7] anunciado en las Escrituras.

Se cree que Mateo escribió el evangelio que lleva su nombre entre los años 50 y 70 d.C.[8], un tiempo de persecución para la Iglesia pero también un tiempo de gran crecimiento, por lo que era indispensable que los nuevos convertidos conocieran las enseñanzas completas de Jesús. Así que Mateo, siendo un testigo de primera mano de los eventos, quiere dejar un testimonio escrito de lo que los discípulos vieron[9] y experimentaron, de lo que escucharon y palparon.

En el orden del Canon[a] bíblico, Mateo es el primer libro del Nuevo Testamento, viene inmediatamente después del libro de Malaquías (último del Antiguo Testamento) que fue escrito 400 años antes de Cristo. Es este primer evangelio el que rompe el silencio inter testamentario en la literatura sagrada.

En ese tiempo, la manera en que el pueblo de Israel se relacionaba con Dios necesitaba una renovada y fresca revelación, así que Jesús pone el estándar de esta relación en el "Sermón del Monte" y en específico en el tema de la oración en "El Padre Nuestro".

Podemos entender el rol que este pasaje juega en el Canon bíblico al tomar en cuenta que el pueblo de Israel era -y es- gente de oración; conocían la importancia de ella y la practicaban junto con el ayuno, pero necesitaban una enseñanza fresca en este tema. Nunca antes se habían aproximado a Dios en la oración como a un Padre, y Jesús los dirige por primera vez en todo el Canon bíblico a orar de esta manera cercana y de confianza.

El Pueblo de Israel oraba al "Dios de sus padres"[10], pero ahora Jesús muestra a un Dios que se presenta como Padre cercano y accesible, **un Dios que no quiere *nietos*, sólo *hijos*.**

Y aunque en el AT existen algunas referencias a Dios como Padre,

*Pero tú, Señor, **eres nuestro padre;** nosotros somos el barro y tú eres quien nos da forma; todos nosotros somos obra de tus manos.*
Isaías 64:8 (énfasis añadido)

la palabra *Padre* se usaba más bien como aludiendo al creador, fundador, antepasado o causa.

---

[a] Canon: Se refiere al catálogo de libros que se consideran normativos para los creyentes y que por lo tanto, pertenecen con todo derecho a las colecciones incluidas por la Iglesia en el Antiguo y Nuevo Testamento. (Nelson)

Así que es aquí, en el libro de Mateo, en el Nuevo Testamento, y de hecho, en toda la Biblia, que por primera vez Dios es presentado como un Padre cercano. Esto debió haber impactado fuertemente a su audiencia. La palabra "Padre" refiriéndose a Dios, es mencionada por Jesús **ocho veces** en este pasaje. Esto hace resaltar el nombre que le damos a esta oración, **"El Padre Nuestro"**.

El contenido literario extenso de esta perícopa en estudio es el Sermón del Monte, a lo que el autor del Evangelio le dedica 3 de los 28 capítulos del libro[b]. Jesús da el Sermón a los discípulos que ha escogido y llamado previamente[11] y a una multitud extensa que lo ha seguido proveniente de Galilea, Decápolis, Jerusalén, Judea y la región a través del Jordán[12].

La enseñanza del Señor en este importante Sermón está dirigida a mostrar cómo vivir en el Reino de Dios, introduciendo los nuevos estándares que estamos invitados a seguir. La oración es uno de los temas en que Jesús hace un contraste al decir *"han oído*[13] o *fue dicho"*[14], refiriéndose a la antigua manera de verlo, entenderlo o hacerlo; y ahora Él da el nuevo estándar, el correcto *"pero yo les digo"*[15] ...*"ustedes deben orar así:..."*[16].

Todos los evangelios enseñan acerca del tema de la oración pero el único otro que menciona "El Padre Nuestro" es el de Lucas (Lucas 11:1-4). En los escritos de este evangelista se nos narra cómo Jesús lo enseña a petición de uno de sus discípulos, el cual, impactado por su forma de orar le pide: *"Señor enséñanos a orar"* (Lucas 11:1). En respuesta a esta solicitud, Jesús les da "El Padre Nuestro". En Lucas se nos presenta también una parábola de Jesús que nos ilustra que es bueno y correcto pedir, además, el Señor nos anima a orar de una manera contundente al declarar:

---

[b] Capítulo 5 al 7 del Evangelio de Mateo.

Así que pidan, y se les dará.
Busquen, y encontrarán.
Llamen, y se les abrirá.
Porque todo aquel que pide, recibe; y el que
busca, encuentra; y al que llama, se le abre.
Lucas 11:9-10

Regresando a Mateo, podemos ver que el libro fue escrito en el estilo literario de un Evangelio, esto es, una narración en donde el autor nos presenta la vida de Jesús, dedicando atención a Su enseñanza y a Su caminar durante los tres últimos años antes de Su muerte y resurrección, la cual es narrada a detalle.

El comienzo del ministerio público de Jesús es marcado por Mateo en la primera sección del evangelio con el dicho del Maestro:

"Arrepiéntanse, porque el reino de
los cielos se ha acercado."
Mateo 4:17

Y Jesús nos instruye en el "Sermón del Monte" sobre cómo es vivir en este Reino que está ya entre nosotros y está siendo revelado de una forma impactante por Su persona. Al cierre del Sermón, el autor narra que la multitud estaba sorprendida de las enseñanzas de Jesús porque hablaba como alguien que tiene autoridad y no como los maestros de la ley[17].

Antes del Sermón que contiene este pasaje, la narración del libro de Mateo ha mencionado el nacimiento de Jesús, Su bautismo por Juan el Bautista, la tentación en el desierto y el llamado de los discípulos. Y aunque el Apóstol ha mencionado que Jesús pasaba por Galilea enseñando, predicando las buenas nuevas del Reino, sanando y liberando gente endemoniada[18], ésta es la primera narración formal de una enseñanza de Jesús, es la presentación inicial de Mateo sobre el Reino de Dios transmitido de primera mano y por primera vez por el Rey Jesús.

ESTRUCTURA Y MOVIMIENTO

La perícopa específica que estamos estudiando, que nos da la enseñanza de los nuevos estándares para nuestra oración, la encontramos en una figura literaria llamada **quiasmo**[c] que presenta un patrón **A-B-A**. Esta figura literaria usa la repetición de frases o conceptos iguales al principio y al final del texto (**A - A**) pero de manera cruzada conservando una simetría, que enmarca el centro de la idea a transmitir (**B**).

La primera y última parte (**A y A**) manejan la repetición de conceptos iguales, contrastando la manera en que los hipócritas y paganos oran y ayunan y la manera en que nosotros debemos de orar y ayunar. El centro del quiasmo (**B**) es la ilustración central de esta enseñanza que conocemos como "El Padre Nuestro".

Veamos el pasaje en el patrón **A-B-A**:

Mateo 5:6-18.

A {
[5] «Cuando ores, no seas como los hipócritas, porque a ellos les encanta orar en pie en las sinagogas y en las esquinas de las calles, para que la gente los vea; de cierto les digo que con eso ya se han ganado su recompensa.
[6] Pero tú, cuando ores, entra en tu aposento, y con la puerta cerrada ora a tu Padre que está en secreto, y tu Padre que ve en lo secreto te recompensará en público.
[7] Cuando ustedes oren, no sean repetitivos, como los paganos, que piensan que por hablar mucho serán escuchados.
[8] No sean como ellos, porque su Padre ya sabe de lo que ustedes tienen necesidad, antes de que ustedes le pidan.
[9] Por eso, ustedes deben orar así:

---

[c] Quiasmo: Repetición de frases o conceptos iguales, pero de manera cruzada, conservando una simetría.

B

"Padre nuestro, que estás en los cielos, santificado sea tu nombre.

¹⁰ Venga tu reino. Hágase tu voluntad, en la tierra como en el cielo.

¹¹ El pan nuestro de cada día, dánoslo hoy.

¹² Perdónanos nuestras deudas, como también nosotros perdonamos a nuestros deudores.

¹³ No nos metas en tentación, sino líbranos del mal."

Porque tuyo es el reino, el poder, y la gloria, por todos los siglos. Amén.

A

¹⁴ Si ustedes perdonan a los otros sus ofensas, también su Padre celestial los perdonará a ustedes.

¹⁵ Pero si ustedes no perdonan a los otros sus ofensas, tampoco el Padre de ustedes les perdonará sus ofensas.

¹⁶ Cuando ustedes ayunen, no se muestren afligidos, como los hipócritas, porque ellos demudan su rostro para mostrar a la gente que están ayunando; de cierto les digo que ya se han ganado su recompensa.

¹⁷ Pero tú, cuando ayunes, perfúmate la cabeza y lávate la cara,

¹⁸ para no mostrar a los demás que estás ayunando, sino a tu Padre que está en secreto, y tu Padre que ve en lo secreto te recompensará en público».

Para fines de estudio, esta perícopa la dividiremos en 3 partes. Esta división está basada en los cambios temáticos del pasaje así como en el contenido del mismo. La división que utilizaremos para el resto del libro es como sigue:

A

Introducción a la oración:
1. Cómo NO orar
    a. No como los hipócritas - ostentosamente, buscando la aprobación humana (v.5)
    b. No como los paganos - con frases sin sentido (v.7)
2. Cómo orar
    a. A un Padre (v.6)
    b. En secreto (v.6)
    c. Esperando recompensas (v.6)
    d. A un Padre que conoce nuestras necesidades (v.8)

B

Ilustración: El Padre Nuestro (v.9-13)
    a. Nuestro papel
    b. El papel de Dios
    c. Nuestra interacción con Dios
    d. El tono de nuestra oración

A

Perdón y Ayuno
1. Instrucciones para perdonar a otros (v.14-15)
2. Introducción al ayuno
    2.1 Cómo NO ayunar
        a. No como los hipócritas - ostentosamente, buscando la aprobación de otros (v.16)
    2.2 Cómo ayunar
        b. En secreto. (v.17-18)

CUANDO ORES

El llamado a orar no es uno místico o teórico, el camino a la oración es preeminentemente algo que aprendemos y siempre es práctico,[19] el aprendizaje y el hacerlo continuamente lo perfeccionarán, madurarán y desarrollarán.[20] Cualquiera puede orar; sin embargo, sin un correcto entendimiento puede hacerse con los propósitos erróneos, haciéndolo más como un placebo religioso (como veremos que estaba sucediendo con los maestros de la ley en el primer siglo), y perdiendo así su verdadero propósito como una herramienta poderosa del discípulo para comunicarse con su Creador.

La manera en que percibimos a Dios determinará la forma en que oramos y por lo que pedimos. Así que nuestra oración es una demostración de que se tiene una relación con Dios, que está siendo cultivada mientras uno crece, confía y se somete, declarando que uno no es el centro del universo, y necesita sensibilizar el corazón, mente y alma acerca de Dios.[21]

"La oración es conversar, comunicándonos con Dios."[22]

La oración es una asociación de los hijos redimidos de Dios trabajando mano a mano con Él hacia la realización de sus propósitos redentores en la tierra,[23] es una interacción basada en la información bíblica de personas salvas por gracia con el Dios vivo que puede escuchar y contestar.[24]

Orar es una de las disciplinas más difíciles en la vida cristiana, probablemente porque junto con la meditación de la Palabra, es la que tiene los más altos beneficios y el mayor impacto para transformarnos a nosotros mismos y a nuestro alrededor. Sin embargo, se puede dar el caso de que no se vean estos beneficios y gran impacto en una persona que ora porque se ha convertido en un ejercicio religioso o una tradición vacía para ella; y en otros casos, simplemente porque la oración es inexistente. Cualquier extremo entorpece su potencial.

La oración es una de las disciplinas indispensables para el crecimiento espiritual y llevará a todo nuestro ser a una cooperación efectiva con el orden divino, además, **nos permitirá vivir en un poder que es mayor que nosotros.**[25]

PADRE NUESTRO

UNA ORACIÓN A DIOS:

PADRE NUE

Señor y Padre, gracias por la oportunidad de poder estudiar y aprender más acerca del tema de la oración. Tú sabes que hay un deseo en nuestro corazón por conocerte más, por acercarnos más a ti y por poder efectivamente cooperar con todo lo que Tú ves, sabes y quieres para nosotros.

Gracias por la instrucción que tenemos de Jesús, la cual estudiaremos con pasión. Te pedimos que nos ayudes a entenderla y aplicarla tal y como Él quiere. Quita los estorbos que podamos tener en nuestra mente sobre formas e ideas pasadas e implanta en nosotros un deseo por descubrir esta importante herramienta de la oración y un nuevo descubrirte a través de comunicarnos contigo.

En el Nombre de Jesús, Amén.

[1]Parás.
[2]Hayford, Bible, 279.
[3]Mateo 5:27
[4]Mateo 5:39
[5]Mateo 6:9
[6]Marcos 2:14
[7]Hayford, Bible, 279.
[8]The NIV Life, 1523.
[9]2 Pedro 1:16, Juan 1:14
[10]Jueces 2:12
[11]Mateo 4:18-22
[12]Mateo 4:25
[13]Mateo 5:33
[14]Mateo 5:21 RV1960
[15]Mateo 5:22
[16]Mateo 6:9
[17]Mateo 7:28 NVI
[18]Mateo 4:23-24
[19]Hayford -Spirit, 194.
[20]Hayford -Prayer, 184.
[21]Van Oudtshoorn, 285-303.
[22]Willard, 184.
[23]Hayford -Prayer- 112.
[24]Hayford -Bible-744.
[25]Willard, 68.

CAPÍTULO DOS

PADRE NUESTRO · PADRE NUESTRO ·

CÓMO NO ORAR

1. Cómo NO orar

a. No como los hipócritas - ostentosamente, buscando la aprobación humana. (v.5)

b. No como los paganos - con frases sin sentido. (v.7)

⁵ Cuando **ores, no** seas como los hipócritas, porque a ellos les encanta orar en pie en las sinagogas y en las esquinas de las calles, para que la gente los vea; de cierto les digo que con eso ya se han ganado su recompensa.

⁶ Pero tú, cuando ores, entra en tu aposento, y con la puerta cerrada ora a tu Padre que está en secreto, y tu Padre que ve en lo secreto te recompensará en público.

⁷ Cuando ustedes **oren, no** sean repetitivos, como los paganos, que piensan que por hablar mucho serán escuchados.

⁸ No sean como ellos, porque su Padre ya sabe de lo que ustedes tienen necesidad, antes de que ustedes le pidan.

PADRE NUEST

· PADRE

INTRODUCCIÓN

Jesús, con su extraordinario don de enseñanza, comienza la disertación en el tema acerca de la oración mencionando cómo NO debemos de hacerlo. Recuerda que Jesús está subiendo los estándares de acuerdo al Reino de Dios, y aprovecha la experiencia común de lo que la audiencia está familiarizada para construir su enseñanza.

NO COMO LOS HIPÓCRITAS

OSTENTOSAMENTE, BUSCANDO LA APROBACIÓN HUMANA:

> *Cuando **ores, no** seas como los hipócritas, porque a ellos les encanta orar en pie en las sinagogas y en las esquinas de las calles, para que la gente los vea; de cierto les digo que con eso ya se han ganado su recompensa. (v.5)*

Jesús comienza exhortándonos a no orar como los hipócritas, contrasta la manera correcta de orar (que en un momento nos enseñará) con la manera en que ellos lo hacen.

¿Quiénes son estos hipócritas a los que Jesús hace referencia? Es muy probable que la audiencia que escucha el mensaje habrá reconocido fácilmente a quiénes se refería, de igual manera los lectores de Mateo del primer siglo.

En el mismo evangelio, Mateo usa la palabra "hipócritas" en 13 ocasiones[a] y en 9 de las mismas Jesús claramente se refiere a los Fariseos, Escribas, Herodianos y Saduceos[b].

---

[a]Mateo 6:2, 5, 16; 15:7; 22:18; 23:13; 23:14, 15, 23, 25, 27, 29; 24:51
[b]Mateo 15:7; 22:18; 23:13, 14, 15, 23, 25, 27, 29

Parece ser la manera preferida del Señor para referirse a estos grupos de líderes religiosos, en especial cuando los estaba confrontando con su aparente piedad[c].

Un *"hipócrita"* se refiere a alguien falso, un hombre que asume, habla o actúa de una manera no clara con un carácter fingido.[1]

> »Cuando **ores, no seas como los hipócritas,** *porque a ellos les encanta orar en pie en las sinagogas y en las esquinas de las calles,* **para que la gente los vea;** *de cierto les digo que con eso* **ya se han ganado su recompensa. (v.5)**

Dos ideas son notorias en esta comparación que Jesús hace con los hipócritas:
1. Que a los líderes religiosos *"les encanta... que la gente los vea"* cuando oran.
2. Y que al hacerlo *"ya se han ganado su recompensa"*.

El Señor está haciendo notar que el propósito principal de estos líderes religiosos y maestros de la ley era el orar, no para ser escuchados por Dios ni para recibir de Dios, sino para ser vistos por otros. Señala que su motivación era recibir reconocimiento de otros y que claramente al obtenerlo ya estaban recibiendo su recompensa, la cual era limitada.

Jesús aún lo enfatiza diciendo que *"les encanta... que la gente los vea"*, notando que el sentido de su oración no es el amar la comunicación con Dios -el ser escuchados y reconocidos por Él- sino el ser notados y reconocidos por otros hombres a su alrededor. Es una declaración muy fuerte la que Jesús hace aquí, Él conocía el corazón y la intención de estos religiosos. El Apóstol Pablo se refiere a estos hombres como amadores de sí mismos, que tienen una apariencia de piedad pero que en realidad su amor no está en buscar a Dios, está en lograr su propia agenda[2], el aplauso de otros.

---

[c]Piedad: Palabra que por lo general se define como devoción religiosa y reverencia a Dios. (Nelson)

La hipocresía está en aparentar que se busca el favor de Dios cuando en realidad se está buscando el favor de los demás. Esto en sí, es perder todo el sentido de la oración. Es como si tuviéramos una llave (la oración) que tiene acceso a un cuarto lleno de riquezas (las bendiciones de Dios) y pretender presumir la llave a otros sin nunca usarla para acceder a la fortuna a la que nos da derecho, **que es acceder al consejo del Padre en los cielos y crecer en nuestra relación con el que todo lo ve, todo lo sabe y todo lo puede.**

> ## EL HIPÓCRITA PRESUME: "MIREN, TENGO LA LLAVE DEL TESORO." PERO NO LO DISFRUTA PORQUE EN REALIDAD NO USA LA LLAVE.

El propósito y sentido de la oración es trascender el mundo físico e irrumpir en lo sobrenatural, lograr una comunicación con el Dios del Cielo y buscar tocar su ilimitado poder y gracia. No es la oración que Jesús quiere enseñarnos aquella que sólo se queda en oídos humanos con recompensas limitadas; la verdadera oración es una plática con una audiencia de Uno, el que tiene una voluntad **buena, agradable y perfecta**[3], y está sobre todo.

"La oración no es para cumplir nuestra agenda, más bien es para rendirla."

¿Será que está mal desear orar en público? No, de hecho, en la Iglesia existe una oración corporal poderosa, en donde en conjunto nos ponemos de acuerdo para pedir la intervención del Señor sobre un asunto.

La oración pública es buena y necesaria, pero creo que nuestra verdadera pasión debería de estar en orar en secreto como Jesús nos lo dice en el verso 6; amar estar a solas en oración con Dios, que lo secreto sea mayor y más frecuente que lo público. Y que cuando oremos en público, la intención de nuestro corazón no sea ser vistos por los demás, sino por Dios.

Pero tú, cuando ores, entra en tu aposento, y con la puerta cerrada ora a tu Padre que está en secreto, y tu Padre que ve en lo secreto te recompensará en público. (v.6)

Es fácil caer en la necesidad de aprobación y reconocimiento de los que están alrededor nuestro, esto es algo que puede motivar nuestro actuar fácilmente y nos puede llevar aun a usar nuestra piedad con estos fines. ¿Quién no ha querido el premio de ser reconocido por su disciplina, por su celo o su devoción? Ésta es una gran recompensa entre los hombres, pues pocas cosas se sienten más gratificantes para el corazón del hombre egoísta centrado en sí mismo que ser estimado por sus logros, en especial por los morales y los religiosos.

Este deseo había infectado en gran manera a los líderes religiosos en tiempos de Jesús.

El contraste es **tener tiempo a solas con Dios,** donde nadie más ve, donde nadie más que Él escucha. Te aseguro que ese tiempo en lo secreto traerá orden y paz a tu corazón como ninguna otra cosa. Cuando recibimos Su aprobación ya no necesitaremos el aplauso de otros.

"QUE AMEMOS Y FRECUENTEMOS MÁS NUESTRA ORACIÓN PRIVADA QUE NUESTRA ORACIÓN PÚBLICA."

NO COMO LOS PAGANOS

CON FRASES SIN SENTIDO:

Cuando ustedes oren, no sean repetitivos, como los paganos,
que piensan que por hablar mucho serán escuchados. (v.7)

Otro contraste que Jesús hace es con la oración de los gentiles o paganos (personas que no profesaban la fe judía), quienes usaban repeticiones sin significado[d] y cómo estas personas pensaban que serían escuchadas no por el contenido y sentido de sus oraciones sino por sus muchas palabras, aunque éstas no tuvieran sentido ni intención.

La audiencia de Jesús estaba al tanto de la manera en que los pueblos paganos[e] alrededor del pueblo de Israel oraban, así como las oraciones que hacían los romanos que tenían una creencia politeísta idólatra y que en ese momento ocupaban el territorio de Israel. Muy seguramente, existía algo de esta influencia pagana en la manera en que el pueblo de Israel hacía sus oraciones, a pesar de que en el Antiguo Testamento continuamente se le exhortaba y guiaba a rechazar esta mala influencia, ya que los hacía alejarse de la manera correcta de aproximar al Señor, y en muchas ocasiones, aun de buscar al único y verdadero Dios.

Es interesante notar que la misma repetición sin sentido se usa hasta el día de hoy por muchas religiones. Oran repitiendo fórmulas o frases una y otra vez. Tristemente, aún esto es hecho por algunos seguidores de Jesús, haciendo lo opuesto a lo que Jesús nos enseña en el evangelio de Mateo. El mismo "Padre Nuestro" es tomado por algunos y recitado como un rezo repetitivo, de la manera que Jesús advierte -dos versículos antes de enseñarlo- de no hacerlo así.

---

[d] Esta parte de Mateo 6:7 es traducida de esta forma por la New American Standard Bible.
[e] Pagano.- Que no es cristiano ni de ninguna de las otras grandes religiones monoteístas. Especialmente referido a los antiguos griegos y romanos. (Real)

Esto pasa cuando tomamos más el modelo de otros que el de Jesús mismo. En esta enseñanza Jesús redefine la oración. En ese entonces, y hoy en tu vida, **la oración es comunicación auténtica, un hablar fresco de un corazón enamorado que por lo mismo será creativo en su plática con Aquel que nos amó primero**[4].

CON FRASES VACÍAS:

El ser repetitivos o usar vanas repeticiones[f] también se puede entender como frases vacías, no sólo por la falta de intención en ellas, sino porque nadie las escucha.

El libro de 1 Reyes en el Antiguo Testamento nos narra un pasaje interesante en donde el profeta Elías estaba contendiendo con los sacerdotes de Baal (un dios pagano). El pasaje describe cómo Elías los reta a orar[5], cada quién debía pedir a su Dios, y al ver Elías que ellos no reciben respuesta a sus oraciones comienza a hacerlos menos y a burlarse diciéndoles *"clamen fuerte"*. El texto menciona que *"nadie contestó, nadie puso atención a sus oraciones"*. Las vanas repeticiones o "frases vacías" (como lo traduce la versión ESV[9]) también se pueden entender como oraciones que no son contestadas porque no están dirigidas al verdadero Dios.

> *Los profetas de Baal tomaron el buey que les dieron y lo prepararon, e invocaron el nombre de su dios desde la mañana hasta el mediodía.- ¡Baal, respóndenos!- gritaban, mientras daban brincos alrededor del altar que habían hecho. Pero no se escuchó nada, **pues nadie respondió**. Al mediodía Elías comenzó a burlarse de ellos: - ¡Griten más fuerte!- les decía-. Seguro que es un dios, pero tal vez esté meditando, o esté ocupado o de viaje. ¡A lo mejor se ha quedado dormido y hay que despertarlo! Comenzaron entonces a gritar más fuerte.*

---

[f] Esta parte de Mateo 6:7 es traducida de esta forma por la RVR1960.
[9] ESV, English Standard Version.

*...Pero no se escuchó nada, **pues nadie respondió ni prestó atención.** Entonces Elías... dio un paso adelante y oró así: «SEÑOR, Dios de Abraham, de Isaac y de Israel, que todos sepan hoy que tú eres Dios en Israel, y que yo soy tu siervo y he hecho todo esto en obediencia a tu palabra. ¡Respóndeme, SEÑOR, respóndeme, para que esta gente reconozca que tú, SEÑOR, eres Dios, y que estás convirtiendo a ti su corazón! »*
En ese momento cayó el fuego del SEÑOR...

1 Reyes 18:26-29 (Énfasis añadido)

La oración es poderosa NO por la mucha práctica que tengamos en orar, sino principalmente por a *quién* está dirigida nuestra oración. Esto parecería obvio para algunos, pero tienes que revisar ¿a quién estás dirigiendo tu oración? ¿es a tu Padre en los Cielos? ¿al Dios verdadero que no necesita intermediarios para escucharte, al que ha provisto camino a Su trono de Gracia a través de la vida, muerte y resurrección de Su Hijo Jesucristo[6], el que es el creador de todo, un Padre cercano que nos ha **rescatado, redimido y reconciliado**? Porque si así es, sé que tu oración no es vacía, tu oración es poderosa. Y quizá digas: "Pero... ¿cómo dices eso si nunca me has escuchado orar?" Lo digo con toda confianza porque sí conozco y he experimentado al Dios que escucha y responde con **paciencia, misericordia y poder**.

La oración es una conversación con el verdadero Dios, que nos lleva a crecer en una relación, la más importante, con el Dios vivo, al que de forma **creativa, cercana y honesta** tenemos que derramar nuestro corazón, así como lo hacen los hijos con los padres que apelan al corazón, a la razón y al conocimiento de Aquel a quien aman y por el que son amados y escuchados.

El ser escuchado debería de ser una de las motivaciones más fuertes para levantar nuestra oración diaria.

Con esta enseñanza que Jesús nos está dando en el evangelio de Mateo, queda claro que el orar correctamente no es algo empírico, es algo que tenemos que aprender y corregir de acuerdo a la guía del que escucha, de acuerdo a la voluntad de Aquel a quien nuestras oraciones están dirigidas, de acuerdo a lo que Dios mismo nos está revelando en su Palabra. Seguro hay algo que aprender, y quizá algo que desaprender en nuestra vida de oración.

Por otro lado, aunque sí existe una manera correcta de orar, esto nunca debe de ser visto como algo complicado y difícil de lograr. Sé que Dios no es complicado y seguro escucha el clamor auténtico de alguien que quiere acercarse a Él, aunque esté apenas aprendiendo a orar; pero también sé que le gusta guiar a su pueblo en lo que le agrada y no le agrada.

El orar es un conversar. Todos podemos hacerlo, porque el conversar es un decir lo que está en nuestra mente y en nuestro corazón con nuestras propias palabras de manera franca y plena, e interactuar ante las preguntas respondiendo con sencillez y honestidad. ¿Ves cómo sí sabes orar?

Es muy común encontrar personas que piensan que en verdad no saben orar, que no tienen lo que se necesita o no saben qué decir, pero ¿será que piensan que hay fórmulas en forma de frases que tienen que memorizar y repetir en un orden dado? ¿Será entonces que su concepto de oración no es el correcto? Permíteme decirte que las oraciones más poderosas que he escuchado son las oraciones de los niños, ellos piden sin pena, sin fórmulas, sin palabrería, pero sí con muchísima intención.

> **"LAS ORACIONES NO NECESITAN SER LARGAS TANTO COMO INTENCIONALES."**

Cuenta una señora que en una ocasión sufría de un severo dolor de cabeza, al quejarse, su hijo pequeño que apenas podía decir unas cuantas palabras, se acercó a ella, puso sus manitas en la cabeza de su mamá y dijo: "Jesús, cabeza, gracias." En ese instante el dolor la dejó, la respuesta a la sencilla y sincera oración llegó.

**"Somos oídos porque somos hijos,
no por nuestra elocuencia y palabrería."**

De muy pequeño me enseñaron una oración para repetir cada vez que me acostaba, decía: *"Ángel de la guarda, dulce compañía, no me desampares ni de noche ni de día."*

Es una oración que suena bonita, tiene una buena rima lo que facilita memorizarla, pero aparte de que en sí es una oración vacía porque no está dirigida a Dios, lo que sucedió es que mi seguridad en las noches estaba en repetir la frase, no en confiar en que Dios me cuidaba. Si estando acostado recordaba que no había repetido la rima ¡saltaba de la cama para hincarme y repetirla! Mi sentido no era el platicar con Dios (aunque sí existía una devoción a Él), mi sentido no era comunicarme (aunque sí sabía que Él existía). Con el tiempo, la declaración de una fórmula se volvió mi manera de orar, aun mi seguridad se enfocó en recitar la fórmula, no en Dios; quizá hubiera sido mejor sólo decirle a Dios cada noche un sencillo y honesto **"Dios, noche, cuida, gracias"**.

*"En paz me acostaré, y asimismo dormiré;
Porque solo tú, Señor, me haces vivir confiado".*
Salmos 4:8

UNA ORACIÓN A DIOS:

Señor, gracias porque estás atento a nuestras oraciones, gracias porque el requisito que pones en ellas no es lo complicadas o elocuentes que sean, sino el corazón con el que las realizamos.

Perdón porque en el pasado hemos buscado más la aprobación de otros, hemos caído en el error de buscar más la oración pública que la privada. Hoy buscaremos más que seas tú el que nos escuche y no otros, y seremos creativos y sencillos en nuestro conversar contigo.

Padre, ayuda nuestro acercarnos a ti, ayúdanos a crecer en nuestra intimidad y relación contigo. Gracias porque nos escuchas como un Padre, enséñanos a hablarte con la confianza de hijos.

---

[1] Hebrew-Greek, 1883.
[2] 2 Timoteo 3:5
[3] Romanos 12:2
[4] 1 Juan 4:19
[5] 1 Reyes 18:26-29
[6] Hebreos 10:20

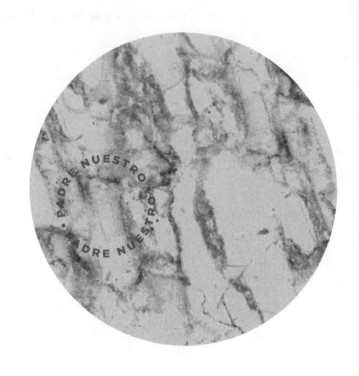

CAPÍTULO TRES

CÓMO ORAR

PADRE NUESTRO · PADRE NUESTRO ·

PADRE NUESTRO

PADRE NUESTRO

2. Cómo orar

a. A un Padre. (v.6)

b. En secreto. (v.6)

c. Esperando recompensa. (v.6)

d. A un Padre que conoce nuestras necesidades. (v.8)

5 Cuando ores, no seas como los hipócritas, porque a ellos les encanta orar en pie en las sinagogas y en las esquinas de las calles, para que la gente los vea; de cierto les digo que con eso ya se han ganado su recompensa.

6 Pero tú, cuando ores, entra en tu aposento, y con la puerta cerrada ora a tu Padre que está en secreto, y tu Padre que ve en lo secreto te recompensará en público.

7 Cuando ustedes oren, no sean repetitivos, como los paganos, que piensan que por hablar mucho serán escuchados.

8 No sean como ellos, porque su Padre ya sabe de lo que ustedes tienen necesidad, antes de que ustedes le pidan.

PADRE NUE
PADR

INTRODUCCIÓN

Pero tú, cuando ores, *entra en tu aposento, y con la puerta cerrada* **ora a tu Padre** *que está en secreto, y tu Padre que ve en lo secreto te recompensará en público.*
(v.6)

"Pero tú, cuando ores", ésta es la manera en que Jesús contrasta y presenta el nuevo estándar de cómo debemos de orar; así como lo hace en el resto del Sermón del Monte con otros temas.

A UN PADRE

"ora a tu Padre..." Ésta es la primera vez que Jesús muestra que debemos de orar a nuestro Dios como "Padre". ¡Esto debió haber provocado una gran reacción en la audiencia! Porque Jesús está introduciendo una relación fresca, cercana y de confianza con Dios.

Para el pueblo de Israel no era extraño encontrar en el texto bíblico hebreo algunas menciones de la paternidad de Dios hacia ellos[1], pues aunque había evidencias de que los había escogido como hijos[2] y de que sin duda los trataba como un Padre trata a sus hijos[3]; la manera de relacionarse con Él no era de tanta confianza, y si se usaba el término "Padre" era para definir a Dios como Creador y Hacedor. Pero Jesús introduce el cariñoso término **"Abba Padre"** (la palabra en arameo para referirse íntimamente a un Padre, -Papito querido-) para hablar con Dios, refiriéndose a una relación filial íntima que nunca antes había sido usada para referirse a Dios, y menos en oración, pero que Jesús escoge para mostrarnos el corazón que Dios Creador tiene para con nosotros.

Abba, Padre, todas las cosas son posibles para ti.
Marcos 14:36

En este pasaje citado en el evangelio de Marcos, Jesús estaba orando en el huerto de Getsemaní, en un tiempo muy difícil antes de ser arrestado y crucificado. El hecho de que Jesús escogiera las palabras *"Abba, Padre"* al dirigirse a Dios en este tiempo de prueba, refleja la profunda intimidad y afecto que hay en su relación. Para los judíos de aquella época, esto era algo nunca antes escuchado.

Hablaremos más extensamente de Dios como Padre en el resto de este libro y en especial en el Capítulo 7.

Cristo aseguró que tenía una relación con Dios que nadie más había tenido antes que Él. Lo vemos en el uso de la palabra en arameo *Abba* que le gustaba tanto usar, especialmente en la oración. Nadie antes de Él en toda la historia de Israel se había dirigido a Dios con esta palabra. ...*Abba* es una palabra familiar de cercanía e intimidad.
-Michael Green[4]

EN SECRETO

Hay dos puntos importantes que Jesús menciona al enseñarnos a orar, *"ora... en secreto"* y *"tu Padre... te recompensará"*, esto lo menciona en contraste con los hipócritas o religiosos que aman orar en público y reciben su recompensa de parte de sus espectadores; así que Jesús está mostrándonos que **recibiremos nuestra recompensa de acuerdo a nuestra audiencia,** y que cuando nuestra audiencia es de Uno, y ese Uno es el Padre que puede ver en lo secreto, nuestra recompensa es inmensamente mayor.

Jesús nos da claramente la primera lección en nuestra vida de oración: que nuestra mejor y más importante recompensa al orar es estar con el Padre, comunicarnos con Él, conocerlo y ser conocidos por Él[5].

¡El que decide orar ha ganado ya!

Cuando estamos en lo secreto y nos enfocamos en oración a buscar a nuestro Padre en los Cielos, Él nos ve y nos escucha, esto en sí es suficiente razón y retribución para nuestra búsqueda, pero además, se nos dice que habrá otra recompensa.

¿Qué es esto de *orar en lo secreto*? Es entrar en un lugar como nuestro aposento o recámara, el lugar más íntimo en un hogar, donde no solemos recibir ningún invitado y que está fuera del bullicio del resto de la casa; nos habla de un lugar especial, íntimo, no accesible a cualquiera. Y aunque sí ayuda mucho tener un lugar privado de oración al que nos apartamos para buscar, hablar y escuchar a Dios, también podemos referirlo a un lugar especial en el corazón, un lugar secreto que está accesible en cualquier momento por Aquel en quien estamos y quien lo habita[7].

Un lugar secreto para orar con el Padre nos habla de una intención de nuestra agenda de apartarnos, estar a solas con Dios, no cumpliendo una ordenanza religiosa, no porque se nos demande, no porque seamos vistos por otros; es simplemente por un deseo ardiente de nuestro corazón para estar con el Padre.

John Wesley, el gran evangelista, venía de una familia de 19 hijos. Cuenta que su madre Susana, una mujer de Dios que crió hijos fuertes en el Señor, sabía encontrar "su lugar secreto" en medio de una casa siempre activa y llena de extenuante trabajo. Cuando quería estar "a solas" con el Señor, se sentaba, ponía su delantal sobre su cabeza y oraba al Padre, que ve en lo secreto, y ahí estaba en intimidad con su Dios, aunque hubiera bullicio de niños corriendo por la casa.

¿Cuál es tu lugar secreto? Búscalo, pruébalo, adáptalo, frecuéntalo y lo más importante… úsalo.

Consulta el Apéndice B para estudiar más sobre el Lugar Secreto en nuestras oraciones.

NUESTRA MEJOR Y MÁS IMPORTANTE RECOMPENSA AL ORAR ES ESTAR CON EL PADRE, COMUNICARNOS CON ÉL, CONOCERLO Y SER CONOCIDOS POR ÉL[6].

Jesús comenta que Dios ve en lo secreto, es decir, que entiende la intención de nuestro corazón y que nos recompensará en público. Esta idea se repite en el Sermón en tres ocasiones, cuando Jesús habla de dar nuestras limosnas en secreto[8], de orar en secreto[9] y de ayunar en lo secreto[10], dirigiéndonos a saber, esperar y estar tranquilos de que la recompensa que nos dará -además de la de haber ya ganado un tiempo en intimidad con el Padre- será en público, es decir ante otros.

ESPERANDO RECOMPENSA

… y tu Padre que ve en lo secreto te recompensará en público.
(v.6)

¿Cuál es esta recompensa pública? Podemos recurrir al principio y al final del Sermón para descubrirla. Jesús comienza hablando de las bienaventuranzas, o bendiciones que Dios dará a los que son pobres en espíritu, los que lloran, los mansos, los que tienen hambre y sed de justicia, los misericordiosos, los de limpio corazón, los pacificadores y los que padecen persecución por la causa de Jesús, porque ellos recibirán:

El Reino de los Cielos,
consolación,
heredarán la tierra,
serán saciados,
serán tratados con misericordia,
verán a Dios y
serán llamados hijos de Dios[11].

Suena bien la recompensa, ¿verdad?

Bienaventurados los pobres en espíritu,
porque de ellos es el reino de los cielos.
Bienaventurados los que lloran, porque
ellos recibirán consolación.
Bienaventurados los mansos, porque
ellos heredarán la tierra.

*Bienaventurados los que tienen hambre y sed
de justicia, porque ellos serán saciados.
Bienaventurados los misericordiosos, porque
ellos serán tratados con misericordia.
Bienaventurados los de limpio corazón,
porque ellos verán a Dios.
Bienaventurados los pacificadores, porque
ellos serán llamados hijos de Dios.
Bienaventurados los que padecen persecución por causa
de la justicia, porque de ellos es el reino de los cielos.
Bienaventurados serán ustedes cuando por
mi causa los insulten y persigan, y mientan y
digan contra ustedes toda clase de mal.*

Mateo 5:3-11

Y al final del Sermón, Jesús nos da claramente la recompensa del que escucha Su enseñanza y la pone en práctica, aquel que ora en secreto al Padre, diciéndonos:

*A cualquiera que me oye estas palabras, y las pone en
práctica, lo compararé a un hombre prudente, que edificó
su casa sobre la roca. Cayó la lluvia, vinieron los ríos, y
soplaron los vientos, y azotaron aquella casa, pero ésta no
se vino abajo, porque estaba fundada sobre la roca.*
Mateo 7:24-25

¿Qué recompensa podría ser mayor que esto?:
- El pasar tiempos de intimidad con nuestro Padre en los cielos.
- El que, a pesar de las lluvias, ríos, vientos y diversos problemas y retos que vendrán, nuestra vida se mantenga firme porque ha sido fundada sobre el inamovible consejo de un Dios sabio y cercano.

ORAMOS A UN PADRE QUE CONOCE NUESTRAS NECESIDADES

No sean como ellos, porque su Padre ya sabe de lo que ustedes tienen necesidad, antes de que ustedes le pidan. (v.8)

Nuevamente Jesús contrasta aquí el nuevo estándar en nuestra vida de oración que debe distinguirnos de *"ellos"*, en este caso, los *"gentiles o paganos"*, alejándonos de la manera que tienen de orar, con vanas repeticiones. Y nos muestra aquí la razón de esto.

Estamos aproximando al Dios verdadero, al Padre en los Cielos, al que nos escucha, nos conoce y sabe lo mejor para nosotros. ¡Qué gran consuelo!

> *Señor, tú me has examinado y me conoces;*
> *tú sabes cuando me siento o me levanto;*
> *¡desde lejos sabes todo lo que pienso!*
> *Me vigilas cuando camino y cuando descanso;*
> *¡estás enterado de todo lo que hago!*
> *Todavía no tengo las palabras en la lengua,*
> *¡y tú, Señor, ya sabes lo que estoy por decir!*
> *Salmos 139:1-4*

¡Qué profundo concepto! Nuestra oración está dirigida al Padre que conoce nuestras necesidades antes de que nosotros se las digamos, al Omnisciente Dios, y debemos de entender que Él nos conoce mejor que nosotros a nosotros mismos. **Nuestra oración no es una repetición de fórmulas sin sentido, pero una conversación inteligente y estratégica con Aquel que dirigirá nuestro pedir de acuerdo a Su conocimiento, Su voluntad y Su propósito para nuestras vidas.**

Nuestra oración es una conversación con Dios Padre en donde exponemos de forma creativa y específica nuestras necesidades, aunque Él ya las conoce, y eso nos ayuda porque al conversar con Él somos dirigidos para pedir en confianza y pedir correctamente. Es Dios diciéndonos *"pídeme de esta manera"*, y mañana quizá nos dirija a pedir de otra forma.

Esto lo podemos ver claramente en la vida de nuestro Señor Jesucristo, Él no hacía un milagro de la misma forma dos veces, en cada ocasión era de una manera distinta, diferente. ¿Será que el Padre lo estaba dirigiendo en cada caso a actuar de forma creativa y a depender de Él cada vez? Yo creo que sí, Jesús no nos dejó fórmulas para pedir o para orar por milagros, nos dejó algo mejor, **un camino abierto para acercarnos y relacionarnos con el Padre y escuchar Su continua dirección.**

Nuestra oración no está dirigida a un Dios distante a quien escasamente conocemos, sino a un Padre-Dios que se ha revelado a nosotros en Cristo-Jesús, quien está dispuesto a escuchar y a atender, que es poderoso para responder y proteger, a quien debemos de aproximar para entender y entendernos.

Pero si Él sabe lo que necesitamos antes de pedirlo, ¿por qué entonces molestarnos en hacer la petición? Yo puedo entender y relacionarme con esto porque siendo padre, muchas veces sé lo que mis hijos necesitan pero aún deseo que se acerquen a mí para poder escuchar su petición. Hay algo tan especial en agacharse hacia un hijo que se aproxima con la confianza y la certidumbre de que el padre es el proveedor y de que quiere lo mejor para el hijo.

¿Qué más hermoso que una hija que aproxima a su padre con brazos extendidos para que éste la cargue, y estando abrazado a su cuello le dice al oído: *"Papá, te quiero, me haces sentir segura, ¿me puedes cobijar y contarme una historia mientras me duermo?"*

Aquí otra gran enseñanza de nuestra vida de oración, las oraciones que realizamos al Padre en los Cielos en lo secreto no tienen sólo el fin de obtener nuestras necesidades, sino el tener una relación cercana con un Dios que se hace llamar Padre y nos hace ser y sentirnos hijos amados.

Bienaventurados los pacificadores,
porque ellos serán llamados hijos de Dios.
Mateo 5:9

"ORAMOS, MÁS QUE PARA OBTENER, PARA RELACIONARNOS CON EL QUE DA."

Aquí también debemos de entender una enseñanza más de nuestro caminar de fe; al darnos cuenta de que oramos a un Dios que ya conoce nuestras necesidades, podríamos suponer que no tiene caso orar o pedir por ellas, que siendo Dios un Padre bueno y misericordioso, nos dará y protegerá, sin que tengamos que levantar una oración a Él, pero éste es el principio:

"Aunque Dios conoce nuestras necesidades antes que las pidamos, ha decidido actuar en nuestras vidas sólo en respuesta a nuestras oraciones."

Jesús no nos dice *"Si es que oras"* él nos dice *"pero tú **cuando ores**"*. Él sabe del poder y la dinámica de la oración, y su oferta es enseñarnos a orar suponiendo que entendemos que no es opcional.

El Apóstol Santiago lo pone de una manera muy sencilla *"no obtienen lo que desean, porque no piden"*[12], así de simple. En su infinita sabiduría, Dios ha decidido actuar en respuesta a nuestras oraciones, así que tenemos que hacer esas oraciones, tenemos que pedir para recibir. El evangelista Billy Graham decía *"El cielo está lleno de respuestas a las oraciones que nadie se molestó en pedir."*[13]

"DIOS NO HARÁ NADA SINO EN RESPUESTA A NUESTRA ORACIÓN."
JOHN WESLEY[14]

Dios sabe todo, Él conoce lo que necesitamos antes de pedirlo, pero existe una dinámica que necesitamos contemplar acerca de la autoridad que ha delegado Dios al Hombre en la Tierra. Esto es para que pidamos en el nombre de Jesús, quien nos ha devuelto esta autoridad, nuestro lugar de gobierno en nuestro entorno. **Oramos entonces de forma relacional, pero también de forma estratégica.**

Concluyamos este capítulo escuchando las palabras de Jesús:

Pidan, y se les dará, busquen, y encontrarán, llamen, y se les abrirá. Porque todo aquel que pide, recibe, y el que busca, encuentra, y al que llama, se le abre. ¿Quién de ustedes, si su hijo le pide pan, le da una piedra? ¿O si le pide un pescado, le da una serpiente? Pues si ustedes, que son malos, saben dar cosas buenas a sus hijos, ¡cuánto más su Padre que está en los cielos dará buenas cosas a los que le pidan!
Mateo 7:7-11

UNA ORACIÓN A DIOS:

Abba Padre, aquí estamos aprendiendo a relacionarnos contigo como hijos, queremos crecer en cercanía e intimidad, en frecuencia y relación. Ayúdanos a romper viejos moldes religiosos, pesados y vacíos con los que intentábamos relacionarnos contigo, y llévanos a descubrir nuevas formas de conversar y escuchar Tu voz.

Lo que más nos interesa es que conozcas mejor nuestro corazón, que aunque sabemos que sabes todo, Tú quieres oír directamente de nosotros lo que sucede en él.

Y queremos conocer más Tu corazón, ser sensibles a cómo quieres que vivamos una vida que refleje en todos los sentidos nuestra relación contigo.

Señor y Padre, Tú eres lo que nuestra alma busca, Tú eres lo que nuestro corazón desea. Tu cercanía, amistad y amor que crecerá en cada oración que levantemos a Ti desde nuestro lugar secreto ¡es nuestra gran recompensa!

---

[1] Deuteronomio 32:6
[2] Isaías 63:16
[3] Jeremías 3:19
[4] Walter, 3.
[5] Gálatas 4:9

[6] Gálatas 4:9
[7] Osiek, 723.
[8] Mateo 6:4
[9] Mateo 6.6
[10] Mateo 6:18

[11] Mateo 5:3-11
[12] Santiago 4:2
[13] Rowell, 110.
[14] Underwood, 19.

CAPÍTULO CUATRO

EL PADRE NUESTRO

Ilustración: El Padre Nuestro (v.9-13)

a. Nuestro papel

b. El papel de Dios

c. Nuestra interacción con Dios

d. El tono de nuestra oración

EL PADRE NUESTRO

[9] Por eso, ustedes deben orar así:

Padre nuestro, que estás en los cielos,

santificado sea tu nombre.

[10] Venga tu reino. Hágase tu voluntad,

en la tierra como en el cielo.

[11] El pan nuestro de cada día, dánoslo hoy.

[12] Perdónanos nuestras deudas, como también

nosotros perdonamos a nuestros deudores.

[13] No nos metas en tentación, sino líbranos del mal;

porque tuyo es el reino, el poder, y la gloria,

por todos los siglos. Amén.

INTRODUCCIÓN

El Padre Nuestro, estos 5 versículos que son el centro de la enseñanza de Jesús sobre la oración en el Sermón del Monte, es una ilustración que el Señor hace, una oración ejemplo o modelo de acuerdo al nuevo estándar que está presentando.

Con esta oración, muestra a los discípulos y a nosotros la manera correcta y que agrada a Dios para aproximarnos y pedir, así como las áreas que debemos de incluir en esta diaria oración en lo secreto a nuestro Padre que escucha y recompensa.

Es común ver en los evangelios la habilidad de condensación de ideas de nuestro Señor Jesús. Él pudo sintetizar toda la Ley y los Profetas en dos mandamientos:

Maestro, ¿cuál es el mandamiento más importante de la ley? "Ama al Señor tu Dios con todo tu corazón, con todo tu ser y con toda tu mente"- le respondió Jesús-. Éste es el primero y el más importante de los mandamientos. El segundo se parece a éste: "Ama a tu prójimo como a ti mismo." De estos dos mandamientos dependen toda la ley y los profetas. Mateo 22:37-40 (NVI)

Y ahora, en el Padre Nuestro, tenemos un ejemplo perfecto de cómo Jesús puede dar un seminario completo acerca de la oración en sólo 5 versos. En unas cuantas palabras, el Señor nos deja un legado para todas las generaciones y nos enseña la correcta y emocionante disciplina de hablar con Dios.

Nota:

El evangelio de Lucas es el único otro libro que contiene el Padre Nuestro, pero no tan completo como lo presenta Mateo, es por eso que basaremos este estudio en el presentado por el evangelio de Mateo.

Algunas traducciones bíblicas no contienen el final del versículo 13 en Mateo, *"porque tuyo es el reino, y el poder, y la gloria, por todos los siglos. Amén"*, esto es porque al estudiar los diferentes manuscritos tempranos en griego del Nuevo Testamento se encuentra que no todos contienen esta frase final, y es por ello que algunos Comités editoriales han decidido no incluirla. Para fines de este estudio hemos tomado como traducción base la versión Reina Valera, que sí la considera.

EL PADRE NUESTRO

⁹Por eso, ustedes deben orar así:

Padre nuestro, que estás en los cielos,

santificado sea tu nombre.

¹⁰Venga tu reino. Hágase tu voluntad,

en la tierra como en el cielo.

¹¹El pan nuestro de cada día, dánoslo hoy.

¹²Perdónanos nuestras deudas, como también

nosotros perdonamos a nuestros deudores.

¹³No nos metas en tentación, sino líbranos del mal;

porque tuyo es el reino, el poder, y la gloria,

por todos los siglos. Amén.

ORAR
MATEO 6:5-8

Discretamente
Secretamente
Sin repeticiones

POR ESO, USTEDES DEBEN ORAR ASÍ *(v.9)*

Antes de comenzar el Padre Nuestro, Jesús nos dice *"Por eso, ustedes deben orar así...",* donde las palabras *"por eso"* apuntan a las notas anteriores en la enseñanza de Jesús que hemos estado revisando (Mateo 6:5-8):

-El no orar como los hipócritas (ostentosamente) y como los paganos (repeticiones sin sentido).

-El orar a un Padre, en secreto, quien conoce nuestras necesidades.

Y el *"deben orar así"* nos dirige a un modelo nuevo que Jesús nos está dando para clarificar su punto previo. Recuerda, en ese momento Jesús estaba rompiendo moldes, paradigmas y ritos religiosos secos. ¿Estás dispuesto a permitir que Él haga lo mismo hoy con tu vida de oración?

Aunque El Padre Nuestro es la parte medular del pasaje, no podemos quitarlo de su contexto, en la Biblia como un todo, en el evangelio de Mateo, en el Sermón del Monte y en la perícopa que estamos estudiando; esto nos permitirá poder interpretar mejor el pasaje. Ésta es una buena regla del estudio bíblico, analizar siempre el contexto en donde el pasaje de interés se encuentra. Queremos obtener lo que los autores bíblicos quieren transmitir, aproximar el texto sin agenda y buscar lo que Dios quiere mostrarnos y enseñarnos.

Y JESÚS ORÓ

Puedo imaginar a Jesús en una ladera de la montaña, con el mar de Galilea al fondo y el atardecer coloreando el cielo, teniendo la atención de todos, retando el razonamiento y las costumbres de su audiencia, enseñando con autoridad[2], causando un hambre por las cosas del Reino de Dios. Y en medio de todo, dice: *"Por eso, ustedes deben orar así"* y poniéndose de pie mirando al cielo, extiende sus manos para demostrar honor y honra al que es, ha sido y será[3]; y dice: *"Padre Nuestro que estás en los Cielos, santificado sea tu nombre…".* ¿Lo ves? ¿Escuchas al Señor orando? ¿Te sientes parte de esa multitud de discípulos hambrientos de conocer y aprender?

A partir de la mitad del versículo 9 hasta el 13, tenemos la oración del Padre Nuestro, la estudiaremos desde diferentes perspectivas, marcando palabras claves, ideas que se repiten y se suman, analizaremos:

-Cuál es nuestro papel en esta oración.

-Cuál es el papel esperado de Dios.

-Cuál es la interacción que se pretende al acercarnos a Él.

-Cuál es el tono en que esta oración se da, es decir, la emoción que transmite, la relación y la confianza.

Probablemente es una oración que conoces de memoria, pero mientras la examinamos y la recorremos una y otra vez, permite que hable a tu corazón. Busca más en el texto, como si fuera la primera vez que lo leyeras y encuentra elementos nuevos que Espíritu Santo revelará a ti. Recuerda, el Padre Nuestro es un regalo de Jesús para ti, disfrútalo, saca de él toda su riqueza y úsala.

LA ORACIÓN ES UN REGALO

Dios nos considera un especial tesoro para Él.

Si ahora ustedes prestan oído a mi voz, y cumplen mi pacto,
serán mi especial tesoro...
Éxodo 19:5 (énfasis añadido)

Y anhela que estemos en íntima comunión con Él.

Así que, lo que hemos visto y oído es lo que les anunciamos a ustedes, para que también ustedes tengan comunión con nosotros. Porque nuestra comunión es con el Padre y con su Hijo Jesucristo.
1 Juan 1:3

Para lo cual Él mismo se hizo carne y habitó entre nosotros[4], y después de un caminar santo durante el cual nos enseñó sobre muchos temas como el que estamos estudiando en este libro, murió en la cruz para luego resucitar, logrando así abrir un camino nuevo para que nosotros entremos a la presencia de Dios.

Así que, amados hermanos, podemos entrar con valentía en el Lugar Santísimo del cielo por causa de la sangre de Jesús. Por su muerte, Jesús abrió un nuevo camino —un camino que da vida— a través de la cortina al Lugar Santísimo... entremos directamente a la presencia de Dios con corazón sincero y con plena confianza en él.
Hebreos 10:19-22 (NTV)

Y con todo esto, a nosotros su -*especial tesoro*- nos ha dado la **oración**, un poderoso regalo que nos permite poder vivir cerca de Él, todos los días en una comunión y comunicación íntima.

Orar no es un requisito religioso de nuestra fe, más bien, es el derecho que los hijos tenemos para comunicar, clamar, pedir, agradecer y preguntar a un Padre cercano, pendiente y poderoso, al cual aproximamos en confianza porque se nos invita, en frecuencia porque podemos, y en gran expectativa porque se nos espera, en esta dinámica de vida que llamamos oración.

Hacer oración es central en nuestra vida cristiana, tanto individual como corporalmente. El conocer bien la forma y los beneficios de orar hará la diferencia en la manera en que un discípulo aproxima su buscar, crecer, pedir y conocer a Dios.[5]

Lo que vemos hoy a nuestro alrededor no es diferente a lo que Jesús vio en Palestina, y hoy Sus palabras de sabiduría nos asombran, nos confrontan como lo hicieron con esa primera audiencia. *"No sean como ellos[6]"* es el llamado apasionado de Jesús a nosotros, *"deben orar así[7]"*. Sí, ésta es Su invitación a buscar un nuevo estándar en nuestra vida de oración, con una audiencia de Uno, discretamente, pero con una recompensa poderosa y transformadora. "Nuestro Padre escuchará y responderá, en lo secreto".

Jesús nos está guiando en este texto que comenzaremos a estudiar detalladamente a una nueva y fresca vida de oración. Él no está dándonos una oración rígida a repetir una y otra vez como una fórmula mágica, es más como un plano o guía de cuál es nuestro papel, cuál el papel de Dios y cuál es la interacción dinámica que sucede durante nuestra oración a Él quien es poderoso, amoroso y sabio.

Así que comencemos a descubrir todo lo que este pequeño -pero gran regalo- tiene de enseñanza para nosotros comenzando con **Nuestro Papel** dentro de la oración.

NUESTRO PADRE NUESTRO

En cierta ocasión, Jesús estaba orando en un lugar y, cuando terminó, uno de sus discípulos le dijo: Señor, enséñanos a orar...
Lucas 11:1

¡Seguro que este discípulo le sacó una sonrisa a nuestro Señor Jesús! ¡Por fin, uno que captó la necesidad de orar y hacerlo apasionadamente como lo estaba viendo modelar por su Maestro! Acto seguido (según lo narra Lucas), Jesús les enseña El Padre Nuestro.

Es relevante la asociación que hace Lucas entre la enseñanza más poderosa que hace Jesús acerca del tema de oración -**El Padre Nuestro**- y la petición de un discípulo con un hambre genuina de aprender cómo orar correctamente.

Como hemos dicho, la oración es una interacción entre dos partes, Dios y aquel que lo busca en secreto. En esta dinámica nosotros tenemos un papel importante que necesitamos descubrir, entender y practicar. ¿Por qué no hacemos una petición similar a la que hizo el discípulo saca-sonrisas? ¡Jesús, enséñanos cuál es nuestro papel en la oración!

Para comenzar a entender *nuestro papel* en la oración es interesante el ver que el "Padre Nuestro" nos es dado en plural:

Nuestro Padre,
   nuestro pan de cada día,
      nuestras deudas,
         nuestros deudores,
            no **nos** metas en tentación,
               líbra**nos** del mal.

Esta oración en ningún momento dice "mí", o "tú", siempre es "nuestro" y es "nosotros".

¿Será que Jesús solamente estaba siendo incluyente al ponerla en plural para que la audiencia se sintiera identificada, o hay algo que nos quiere transmitir?

Haz el ejercicio de decir el Padre Nuestro en singular: *"-Padre mío, dame mi pan, mis deudas, mis deudores, no me metas y líbrame"* ¿Verdad que suena raro? Para empezar, no sería una oración que pudiéramos declarar junto con otros, y podría ser que al hacerla tan individual termináramos nuestro tiempo de oración sin acordarnos de los demás. Sin embargo, está diseñada de tal forma que de principio a fin tengamos presente al otro. ¿No es éste el mandamiento que Jesús nos dio?

Éste es mi mandamiento:
Que se amen unos a otros, como yo los he amado.
Juan 15:12

Y qué mejor manera de amarnos que acordarnos del otro en nuestro tiempo de oración.

Nuestro orar siempre debe de ser "INCLUYENTE". Una oración por mí, pero al mismo tiempo por los demás. Esto es una oración de intercesión, que es el acto de pedir a Dios a favor de otra persona o grupo de personas, donde el **Yo** y el **Tú** están incluidos, y **Él** y **Ellos** son considerados.

"La Oración, hecha de la manera que Jesús nos enseña, no puede ser egoísta."

En estos 5 versículos hay 8 **nosotros** (ustedes, nuestro, nos), es una oración plural, donde podemos entender que nuestro papel será aproximarnos a Dios Padre no sólo a nuestro favor sino a favor de todos aquellos que estén en nuestro círculo de influencia.

También la pluralidad en que se presenta el Padre Nuestro nos ayuda a entender que la aproximación a Dios en oración no es algo sólo para la "elite", es una invitación que Dios nos hace a todos.

¿No te ha pasado por la mente alguna vez que quizá la oración sea sólo para algunos cuántos escogidos? Quizá has dicho: *"-¡Eso de la oración no es para mí! ¡Yo no sé orar! ¡Mejor ora por mí tú que tienes más "palancas" con Dios!"*

El Padre Nuestro **no** es una oración para los académicos y líderes espirituales, es una diseñada para los hijos, no importando su trasfondo, edad, posición y preparación.

El Padre en los Cielos tiene una familia, muchos hijos e hijas alrededor de Él y quiere escuchar y atender a todos; y lo más importante, quiere tener una relación personal con cada uno de ellos, es decir con NOSOTROS.

Orar no es un requisito religioso de nuestra fe, más bien, es el derecho que los hijos tenemos para comunicar, clamar, pedir, agradecer y preguntar a un Padre cercano, pendiente y poderoso, al cual aproximamos en confianza porque se nos invita, en frecuencia porque podemos, y en gran expectativa porque se nos espera, en esta dinámica de vida que llamamos oración.

UNA ORACIÓN A DIOS:

Señor y Padre, gracias por considerar las palabras que hoy elevamos a ti como un tesoro a tomar y a escuchar. Gracias porque no pones atención a nuestra elocuencia sino a nuestro corazón que está hambriento de Ti.

Queremos crecer en esta interesante aventura de orar a Ti, orar hacia Ti, orar en Ti.

Anhelamos poder tener pláticas profundas, frecuentes y sinceras contigo que todo lo sabes y que te deleitas en escuchar la voz de Tus hijo(a)s.

Ayúdanos a encontrar el regalo de la oración que nos has dado. Hoy lo tomamos, lo creemos y lo practicaremos con una nueva frescura, sabiendo que al orar ya hemos ganado. Queremos estar en una relación cercana contigo, una relación que inevitablemente crecerá, y eso Dios, nos alegra.

---

[1] Hebrew-Greek. 1267

[2] Mateo 7:29

[3] Salmos 102:27

[4] Juan 1:14

[5] Hayford -Sharpening P- 76.

[6] Mateo 6:5

[7] Mateo 6.9

CAPÍTULO CINCO

NUESTRO PAPEL EN LA ORACIÓN

PADRE NUESTRO · PADRE NUESTRO ·

Ilustración: El Padre Nuestro (v.9-13)

a. Nuestro papel

b. El papel de Dios

c. Nuestra interacción con Dios

d. El tono de nuestra oración

NUESTRO PAPEL

[9] Por eso, ustedes deben orar así:
Padre nuestro, que estás en los cielos,
santificado sea tu nombre.
[10] Venga tu reino. Hágase tu voluntad,
en la tierra como en el cielo.
[11] El pan nuestro de cada día, dánoslo hoy.
[12] Perdónanos nuestras deudas, como también
nosotros perdonamos a nuestros deudores.
[13] No nos metas en tentación, sino líbranos del mal;
porque tuyo es el reino, el poder, y la gloria,
por todos los siglos. Amén.

Mi localización
(dominio del
hombre) "Ge"

NUESTRO

Nuestro Rol

Intercesión — Tuyo
Mío
de Él

Plural

1. adorar
2. sabernos hijos
3. pedir

derecho
autoridad
herencia

por necesidades
perdón
perdonar
vivir lejos del mal

MI

Oración
Padre
Pan
Deudas
Deudores
Pruebas

INTRODUCCIÓN

La oración no es el tratar de usar a Dios para nuestros propósitos, más bien es llegar a una posición en donde Dios nos puede usar para los suyos.

Es como una embarcación que al aproximarse al puerto se le da una cuerda fuerte con la cual se toma y se jala para acercarse. No se jala el puerto a la embarcación, más bien, la embarcación hacia el puerto.

La oración es la cuerda con la que nos acercamos a Dios, no es Dios a quien jalamos nosotros, somos nosotros los que somos llevados a Él.

Aprendamos a decir junto con Jesús, el maestro en el arte de la oración, "no se haga mi voluntad, sino la tuya". Billy Graham

Continuemos aprendiendo cuál es nuestro rol en esta dinámica de comunicación con Dios.

Al analizar este modelo y encontrar qué es lo que nosotros estamos declarando, buscando, pidiendo y esperando, podemos agrupar en 3 partes lo que activamente hacemos al orar al Padre, que es:

1. El Adorar

2. El sabernos hijos de Dios y

3. El Pedir

1. EL ADORAR

Padre nuestro, que estás en los cielos,
santificado sea tu nombre. (v.9)

Ésta es la manera correcta de comenzar nuestra aproximación a Dios Creador, al proclamar que Él está en el cielo, ese lugar de habitación sobrenatural que sólo Él llena y domina; y al reconocer Su Santidad, ese estado de perfección que sólo Él posee.

Estoy seguro que al reconocer Su Lugar, Su Preminencia y Su Gloria, nos será más fácil dimensionar lo que estamos comenzando. No es una plática con un igual -aunque sí es alguien cercano-, es darse cuenta que no somos dignos -aunque Él sí nos recibe-. Es un maravillarse con Su grandeza, que aunque nos hace sentirnos pequeños, nos demuestra Su gran accesibilidad que nos habla de Su gran amor para con nosotros.

¿QUÉ ES ADORAR?

La adoración es una devoción reverente a Dios, con formas y caminos específicos por los cuales es expresada esta reverencia, que demuestran el valor del que recibe este trato singular, este honor y devoción.

Hay algo especial y profundo en este primer paso en la oración, **en donde se pone por encima, en un lugar de autoridad y honra en nuestra vida a Dios.**

La adoración es el punto de arranque de cualquier interacción con Dios, por eso el salmista estalla en alabanza diciendo;

"Engrandezcan al SEÑOR conmigo;
exaltemos a una su nombre".
Salmos 34:3 (NVI)

Ésta será nuestra tarea para toda la eternidad, y lo bueno es que la eternidad ya comenzó para nosotros, los que hemos recibido salvación en Cristo tenemos el privilegio de adorar a Dios, engrandecerlo y exaltarlo hoy.

Un buen ejercicio de inicio al hablar con el Señor es meditar en su carácter y así recordar con quién estamos tratando.

"Él es eterno y es infinito; el que todo lo ve, todo lo sabe y todo lo puede, Dios es Santo, recto, justo, Él es Verdad, siempre veraz, Él es amor, es fiel y benévolo, es un Dios de misericordia y de gracia y un Padre paciente y persistente." [1]

¡Entre otras magníficas características!

La adoración determina tus valores y prioridades, lo que consecuentemente determina la dirección de tu vida, **afectando lo que buscas y dónde lo buscas.**

La adoración es al mismo tiempo una búsqueda y una sumisión, alineando nuestro corazón hacia Aquel que adoramos, **Dios se revela a aquellos que se inclinan ante Él y lo buscan.** Recuerda, si lo buscamos de todo corazón, lo encontraremos[2].

Cuando comenzamos adorando a Dios, nuestras rodillas se doblarán ante Él, nuestro corazón se inclinará ante Su Majestad y esto seguro que dará una perspectiva adecuada para el resto de nuestro tiempo de oración. Comencemos como el Salmista lo hace:

Aclamen alegres al SEÑOR, habitantes de toda la tierra;
adoren al SEÑOR con regocijo.
Preséntense ante él
con cánticos de júbilo.
Reconozcan que el SEÑOR es Dios;

él nos hizo, y somos suyos.
Somos su pueblo, ovejas de su prado.
Entren por sus puertas con acción de gracias;
vengan a sus atrios con himnos de alabanza;
denle gracias, alaben su nombre.
Porque el SEÑOR es bueno y su gran amor es eterno;
su fidelidad permanece para siempre.
Salmos 100 (NVI)

2. EL SABERNOS HIJOS DE DIOS

"Padre Nuestro" (v.9)

Jesús nos muestra en El Padre Nuestro, que al contemplar Su grandeza debemos también conocer Su cercanía, y aquí es donde entra el título de "Padre" (el que me protege, el que me provee, el que me guía), es decir, alguien con la autoridad, la responsabilidad y el cariño de un Padre celestial perfecto.

La implicación de dirigirnos a Dios como Padre es que automáticamente nos estamos presentando como "hijos". Mi posición ante el Dios Eterno, Todopoderoso, Omnipresente, Omnisciente y Santo es la de **"hijo"**, miembro de su familia, prioridad en Su vida, responsabilidad de Su hacer y gozo de Su ser. Así lo declara Él en Su Palabra:

Hermanos, puesto que con toda libertad podemos
entrar en el Lugar Santísimo por la sangre de
Jesucristo, por el camino nuevo y vivo que él nos
abrió a través del velo, es decir, de su propio
cuerpo, y puesto que tenemos un gran sacerdote
al frente de la casa de Dios, acerquémonos...
Hebreos 10:19-22

Así que podemos entrar en la habitación de nuestro Padre con la seguridad de encontrarlo de **buen humor,** listo para escucharnos. Su habitación no está cerrada a nosotros, por el contrario, siempre está abierta, y esto es gracias a Jesucristo[3], por quien hemos sido adoptados.

> *Pero cuando se cumplió el tiempo señalado,*
> *Dios envió a su Hijo, que nació de una mujer y sujeto a la*
> *ley, para que redimiera a los que estaban sujetos a la ley,*
> *a fin de que recibiéramos la adopción de hijos.*
> *Y **por cuanto ustedes son hijos,***
> *Dios envió a sus corazones el Espíritu de su Hijo,*
> *el cual clama: «¡Abba, Padre!»*
> *Así que ya no eres esclavo, sino hijo; y si eres hijo, también*
> *eres heredero de Dios por medio de Cristo.*
>
> *Gálatas 4:4-7 (énfasis añadido)*

Hemos sido incluidos en la familia del Padre gracias a Cristo Jesús, y esto más que un título, es un derecho legal. Somos coherederos con Cristo, tenemos identidad, herencia y propósito. El sabernos hijos es saber que estábamos perdidos, pero Dios nos encontró, que éramos extraños y ahora conocidos, éramos esclavos y ahora herederos.

Estamos aproximando a Dios en una relación de familia, una de confianza, total cercanía y perfecto amor. El saber esto debe de impactar el tono y actitud con la que nos acercamos a Dios. ¡Sí, Él es el Todopoderoso y Sublime, pero está accesible a mi oración y puedo pedir que Su Reino venga hoy!

"La parte más importante de nuestra oración es darnos cuenta con quién hablamos, pero la segunda, es darnos cuenta con qué corazón se nos escucha."[4]

ASÍ QUE PODEMOS ACERCARNOS A NUESTRO PADRE CON LA SEGURIDAD DE ENCONTRARLO DE BUEN HUMOR.

¿Y CÓMO SÉ QUE SOY HIJO DE DIOS?

El Apóstol Juan nos dice que en el momento en que hemos creído en Jesús como nuestro Señor, es decir, que lo hemos **RECIBIDO** como el Hijo de Dios, como el perfecto amor manifestado del Padre hacia nosotros, como Nuestro Salvador y como el que limpia y nos rescata de la esclavitud del pecado, entonces se nos incluye en la familia del Padre, se nos da el título de hijos del Dios Creador. Y esto no por obras y trámites que tengamos que hacer, sino por fe y por Su gracia. Es decir, tan sólo al creer y recibir este regalo de salvación y adopción.

¿Es Jesús tu Señor? ¿Sí? Entonces eres hijo y coheredero con Cristo y puedes orar con toda intención y derecho y decir *"Padre Nuestro..."*.

Mas a todos los que le recibieron, a los que creen en su nombre, les dio potestad de ser hechos hijos de Dios; los cuales no son engendrados de sangre, ni de voluntad de carne, ni de voluntad de varón, sino de Dios.
Juan 1:12-13

(Consulta el Apéndice A para conocer más de cómo tomar una decisión de caminar con Jesús como tu Rey y tu Señor).

3. EL PEDIR

"dánoslo hoy"
(v.11)

Después de recordar con quién estamos hablando, aproximarlo correctamente en adoración, y de saber que podemos acercarnos confiadamente como hijos, lo que sigue es pedir.

a. Por necesidades
b. Por perdón
c. Por guianza para vivir lejos del mal

A los hijos les toca pedir, y a los padres administrar esa solicitud de acuerdo a su sabiduría y al conocimiento que tienen de los mismos hijos y de las circunstancias que los rodean.

En ocasiones podemos dejar de pedir por razonar equivocadamente que ya hemos pedido mucho, o que Dios ha de estar tan ocupado con tanta necesidad que no atendería nuestra súplica. Pero un hijo pide y deja al padre preocuparse por lo que se puede y por lo que no, así como por el momento adecuado para proveerlo.

Jesús nos anima a pedir, buscar y llamar:

> **Pidan,** *y se les dará,* **busquen,** *y encontrarán,* **llamen,**
> *y se les abrirá. Porque todo aquel que* **pide,** *recibe,*
> *y el que* **busca,** *encuentra, y al que* **llama,** *se le abre.*
> *¿Quién de ustedes, si su hijo le pide pan, le da una*
> *piedra? ¿O si le pide un pescado, le da una serpiente?*
> *Pues si ustedes, que son malos, saben dar cosas*
> *buenas a sus hijos,* **¡cuánto más su Padre que está**
> **en los cielos dará buenas cosas a los que le pidan!**
> *Mateo 7:7-11 (énfasis añadido)*

Queda claro que nuestro Padre que está en los Cielos quiere lo mejor para nosotros y no resistirá nuestras peticiones, pues sabe dar buenas dádivas a los que lo buscan con sinceridad y sencillez de corazón.

Como veremos, no todo en nuestra vida de oración es pedir, de hecho, muchas veces podrás tener un tiempo en lo secreto en donde sólo adoras y te recreas en la presencia de Dios y no recurres a pedir nada. Pero debemos de entender que **está bien pedir,** y que podemos pedir repetidamente y pedir mucho, yo lo hago siempre con grandes expectativas, **porque Nuestro Padre es el ¡Señor del Universo!**

Al pedir estamos demostrando también nuestra cercanía y confianza con Dios. Al hacerlo crecerá nuestra relación con Él, quien ya sabe nuestras necesidades antes que las pidamos[5]. Al hacerlo también confiamos que nuestra parte como hijos es pedir y aceptar alegremente su parte como Padre, que es decidir el tiempo y la oportunidad para Su dar.

A. PEDIR POR NUESTRAS NECESIDADES:

"El Pan nuestro de cada día, dánoslo hoy" (v.11)

El pan nuestro habla de lo más básico y cotidiano, de esas necesidades que requerimos para nuestro diario caminar.
Dios está interesado en los detalles de nuestra vida, y podemos y debemos de involucrar a Dios en las cosas sencillas y cotidianas de la misma manera que pedimos Su intervención en los asuntos complejos o eternos.
Al estar involucrándolo y confiando en Él para las cosas diarias, lo llegamos a conocer como un proveedor cercano, que está pendiente aun de lo que comeremos hoy, debiendo caer en cuenta que no es por nuestras manos que tenemos las cosas, sino por Su gracia.

Esto nos lleva a reconocer nuestra dependencia a Dios, que es algo bueno, como la dependencia que cualquier hijo tiene con sus padres. Y al depender, confiar y consultar, podremos vivir lo que el proverbio nos declara:

Aleja de mí la falsedad y la mentira;
no me des pobreza ni riquezas
sino sólo el pan de cada día.
Porque teniendo mucho, podría desconocerte
y decir:"¿Y quién es el SEÑOR?"
Y teniendo poco, podría llegar a robar
y deshonrar así el nombre de mi Dios.
Proverbios 30:8-9 (NVI)

El Apóstol Pablo nos enseña en la epístola a los Filipenses que no nos preocupemos por nada, pero que pidamos en oración a Dios acerca de esos detalles diarios que ocupan nuestros corazones y pensamientos, y al hacerlo así, Dios nos dará una tranquilidad de espíritu y pondrá en paz nuestros pensamientos y diario vivir.

No se inquieten por nada; más bien, en toda
ocasión, con oración y ruego, presenten sus
peticiones a Dios y denle gracias. Y la paz de Dios,
que sobrepasa todo entendimiento, cuidará sus
corazones y sus pensamientos en Cristo Jesús.
Filipenses 4:6-7 (NVI)

El pedir también por nuestro pan diario, por esos pequeños y diarios detalles de nuestra vida, debe de ser específico, no te sientas apenado por presentar los detalles de tus necesidades. Sí, ya las conoce Dios antes de exponérselas, pero Él quiere la íntima relación que viene de comentarle los detalles, aun los antojos dentro de esa petición, la cual debe siempre ser de acuerdo a Su voluntad.

Y ésta es la confianza que tenemos en él: si pedimos algo según su voluntad, él nos oye. Y si sabemos que él nos oye en cualquiera cosa que pidamos, también sabemos que tenemos las peticiones que le hayamos hecho.
1 Juan 5:14-15

Cuando mi hijo menor era muy pequeño, nos pedía repetidamente un caballo, pero lo quería azul. Te quiero decir que nos costó mucho trabajo conseguirlo de ese color específico, no es el color en que normalmente vienen los caballos. Pero su mamá y yo pusimos nuestra intención y creatividad, y al hacerlo nos gozamos al poderle presentar el regalo de acuerdo a su antojo. No nos molestamos, todo lo contrario, nos alegramos que nos tuviera la confianza de decirnos: *"-Éste es el deseo de mi corazón, un caballo, y éste es mi color favorito, el azul."*

Quizá te suene egoísta o superfluo, pero ¿no está hecha la vida de pequeños detalles? ¿No crees que Dios es un Dios proveedor? ¿No crees que Dios es un Padre detallista?

Aquí tienes dos buenas opciones: Puedes decirle a Dios, sin pena ni condenación, de qué color quieres *"tu caballo"* o decirle: *"-Señor, escoge tú el color."*

B. PEDIR PERDÓN:

"Perdónanos nuestras deudas, como también nosotros perdonamos a nuestros deudores" (v.12)

El evangelio de Lucas plasma esta misma sección de El Padre Nuestro como *"perdónanos nuestros pecados"* (Lucas 11:4). Un pecado crea una deuda, podemos pecar contra Dios, podemos pecar contra otros y ellos pueden pecar contra nosotros; por lo que podemos tener una deuda con Dios, una deuda con otros, o ellos pueden tener deudas hacia nosotros.

Si decimos que no tenemos pecado, nos engañamos
a nosotros mismos, y la verdad no está en
nosotros. Si confesamos nuestros pecados, él es
fiel y justo para perdonar nuestros pecados,
y limpiarnos de toda maldad.
1 Juan 1:8-9

En El Padre Nuestro, Jesús nos lleva a estar a cuentas con Él, *"Perdónanos nuestras deudas"*, a reflexionar en nuestro diario actuar hacia Dios y hacia otros, *"como también nosotros perdonamos a nuestros deudores"*.

Todos tenemos una necesidad constante de limpieza interna, y ésta se da al pedir perdón de nuestras faltas y transgresiones. Jesús nos muestra que una parte fundamental de toda oración es **la confesión** de faltas, pecados y deudas[6], porque el Padre no puede tomar nota de una oración que proviene de alguien que está más interesado en pedir que en buscar la santidad para su vida.

El Padre perdonará TODO a aquellos que se lo pidan con verdadera sinceridad y arrepentimiento.

Vengan ahora, y pongamos las cosas en claro.
Si sus pecados son como la grana, se pondrán
blancos como la nieve. Si son rojos como el
carmesí, se pondrán blancos como la lana.
Isaías 1:18

La acción de dar y pedir perdón es algo continuo en la vida del creyente, y existe una provisión permanente de parte del Padre para cubrir y perdonar la falta.

En él tenemos la redención mediante su sangre,
el perdón de nuestros pecados,
conforme a las riquezas de la gracia.
Efesios 1:7 (NVI)

- Hablaremos más del Perdón en el capítulo 10 -

C. PEDIR POR GUIANZA Y PROTECCIÓN:

"No nos metas en tentación, sino líbranos del mal."(v.13)

Continuamos analizando nuestro papel en la oración, y ésta es la parte en donde entramos en una búsqueda que nos hará entender, crecer y madurar.

La Escritura nos enseña que Dios no tienta a nadie:

Cuando alguien sea tentado, no diga que ha sido tentado
por Dios, porque Dios no tienta a nadie, ni tampoco el
mal puede tentar a Dios.
Santiago 1:13

¿Por qué entonces orar para que Dios no nos meta en tentación? La palabra original usada en el texto en griego en esta porción de El Padre Nuestro es *"peraismos"*, que se puede traducir también como: "prueba, disciplina, experiencia o adversidad", por lo que podríamos entender esta porción como *"no nos metas en pruebas o adversidades"*. Para fines de entender mejor esta porción, tomamos la libertad de parafrasear el siguiente versículo en alguna de las siguientes maneras[7]:

No nos metas en tentación, sino líbranos del mal... (v.13)

"Señor, si es posible evita pruebas o adversidades en mi vida, yo te lo agradecería. Pero aún más importante que eso, es que me libres de caer en el mal. Por lo que si necesito esa experiencia o disciplina para aprender, estoy dispuesto, tú eres mi Padre y sabes lo que es mejor para mí".

"Señor, quiero ser un hijo entendido, hoy tu Santo Espíritu me ha mostrado que he sido rebelde y obstinado, y quizá he acarreado para mi vida esta adversidad, pero Padre, te pido que si es posible me libres de ella, pues ya he entendido mi error."

A ustedes no les ha sobrevenido ninguna tentación
que no sea humana; pero Dios es fiel y no permitirá
que ustedes sean sometidos a una prueba más allá de
lo que puedan resistir, sino que junto con la prueba
les dará la salida, para que puedan sobrellevarla.
1 Corintios 10:13

¿Cuál es la diferencia entre tentación y prueba? Podemos decir que la primera no viene de parte de Dios (como leímos en el libro de Santiago) y esta, la tentación, está diseñada para destruirnos; a diferencia de la **prueba** o la disciplina que sí proviene de Dios Padre y está planeada para instruirnos, corregirnos y formar carácter en nosotros (como nos lo presenta puntualmente el autor del libro de Hebreos).

... y ya han olvidado la exhortación que
como a hijos se les dirige:
«Hijo mío, no menosprecies la disciplina del
Señor, ni te desanimes cuando te reprenda;
porque el Señor disciplina al que ama, y
azota a todo el que recibe como hijo.»

Si ustedes soportan la disciplina, Dios los trata como a hijos. ¿Acaso hay algún hijo a quien su padre no discipline? Pero si a ustedes se les deja sin la disciplina que todo el mundo recibe, entonces ya no son hijos legítimos, sino ilegítimos. Por otra parte, tuvimos padres terrenales, los cuales nos disciplinaban, y los respetábamos. ¿Por qué no mejor obedecer al Padre de los espíritus, y así vivir? La verdad es que nuestros padres terrenales nos disciplinaban por poco tiempo, y como mejor les parecía, pero Dios lo hace para nuestro beneficio y para que participemos de su santidad. Claro que ninguna disciplina nos pone alegres al momento de recibirla, sino más bien tristes; pero después de ser ejercitados en ella, nos produce un fruto apacible de justicia.
Hebreos 12:5-11

Así que, los hijos de Dios deben de pedir que su Padre los guíe en el diario vivir, y los llene de Su gran sabiduría para poder enfrentar cada uno de los retos que su caminar trae.

Si tan sólo consultáramos más con Él, si sometiéramos nuestras decisiones a Él, si solamente volteáramos al cielo antes de voltear hacia otros, ¡nos evitaríamos tantos problemas! Evitaríamos mucha de la disciplina que el Padre de los Cielos termina aplicando por amor a sus hijos distraídos, quienes caminan en desobediencia.

"Si tomáramos 5 minutos antes de comenzar el día para buscar su guianza, nos evitaríamos 30 minutos de pedir perdón en la noche."
-Wayne Myers

UNA ORACIÓN A DIOS:

Señor, adoramos tu Nombre, eres el Dios Creador que ha decidido relacionarse con nosotros como un Padre, estamos sorprendidos, agradecidos, y dispuestos a acercarnos más.

Ponemos delante de ti la necesidad de sustento que tenemos, tú eres el que provee para nuestra familia, el que sacia nuestra hambre con tantas cosas buenas y deliciosas, el que nos abriga y nos da techo; permítenos ser sensibles a otros para poder compartir de estas bendiciones.

Señor, tú lo conoces todo, tú sabes que hemos ofendido a nuestro hermano, y no estamos orgullosos de eso. Pedimos que nos ayudes para acercarnos a pedir perdón, a pagar nuestras deudas. Padre, y también hemos pecado contra ti, una vez más, discúlpanos Dios. Lo que más nos duele es entristecerte con nuestro comportamiento. Queremos ser mejores hijos, honrarte con nuestro caminar y pensar. Hoy decidimos cambiar, caminar como tú nos lo pides, pero necesitamos tu fortaleza, tu guianza, tu perdón y tu paz; dánoslas, mi Dios.

Señor, líbranos del mal, queremos ser hijos entendidos que escuchen tu consejo, pero sabemos que en ocasiones ese regalo de aprendizaje viene en "envoltura de adversidades", sólo danos la fortaleza para vencerlas, y la humildad para aprender de ellas.

---

[1] Parás

[2] Deuteronomio 4:29

[3] Parás

[4] Parás

[5] Mateo 6:8

[6] Parás

[7] Parás

CAPÍTULO SEIS

EL PAPEL DE DIOS

PADRE NUESTRO · PADRE NUESTRO ·

Ilustración: El Padre Nuestro (v.9-13)

a. Nuestro papel

b. El papel de Dios

c. Nuestra interacción con Dios

d. El tono de nuestra oración

EL PAPEL DE DIOS

⁹ Por eso, ustedes deben orar así:

Su localización

Padre nuestro, que estás en los cielos,

Dios

santificado sea tu nombre. ← **Carácter**
Ser, Fama

Rom. 14:17
justicia, paz
y gozo ← **Dios** ¹⁰ Venga tu reino. Hágase tu voluntad, → **Rom. 12:2**
Dios **Buena,**
agradable y
perfecta

en la tierra como en el cielo.

¹¹ El pan nuestro de cada día, dánoslo hoy.

¹² Perdónanos nuestras deudas, como también

nosotros perdonamos a nuestros deudores.

¹³ No nos metas en tentación, sino líbranos del mal;

porque tuyo es el reino, el poder, y la gloria,

por todos los siglos. Amén. → **Llega, conquista,**
gobierna

DIOS
- Está en los cielos   - Tiene:
- Es Santo   Reino
- Es Conocido   Poder
- Tiene voluntad   Gloria

perdona, libra,
da, enseña (pruebas)

INTRODUCCIÓN

La oración no es hablar a Dios, es hablar **con** Dios[1]. Es un intercambio de pensamientos, sentimientos e información de voluntades, una conversación entre un Padre bondadoso y un hijo afortunado dispuesto no sólo a hablar en este acto de comunicación que es la oración, pero también dispuesto a escuchar y esperar a un Padre que tiene una parte en esta poderosa dinámica de oración.

Ya hemos visto cuál es nuestro papel: el adorar, sabernos hijos y pedir con confianza; ahora veamos el papel de Dios. Esto es algo que nos presenta Jesús de una forma impactante en "El Padre Nuestro".

Sí, en la oración de cada creyente Dios está activo y participativo. Como vimos anteriormente, el primer fruto de nuestra vida de oración es esta interacción fresca con nuestro Padre Dios. Al orar a Él, ya hemos ganado, porque ¿qué hijo no gana al tener la atención y el afecto de su Padre que escucha con un corazón involucrado?

LA ORACIÓN NO ES HABLAR A DIOS, ES HABLAR CON DIOS[2].

Al darnos Jesús "El Padre Nuestro" nos está enseñando grandes misterios de Dios, en cuanto a quién es, dónde está, cómo aproximarlo y qué podemos esperar de Él. Jesús nos presenta a Dios como un Padre que ama, protege, provee y guía; y al mismo tiempo un Dios que es Rey, con gobierno, autoridad y responsabilidad, un Dios que no está lejano o es extraño o impersonal, pero también un Padre Santo que está en los cielos, tiene voluntad y poder para perdonar, librar, dar y enseñar; y lo más maravilloso es que está dispuesto a escuchar nuestra oración.

Así que comencemos a analizar en el modelo de "El Padre Nuestro" el papel que Dios tiene, al saber que:

1. Dios está en los Cielos
2. Dios es Santo
3. Dios es conocido
4. Dios tiene una voluntad
5. **Dios es un Rey que tiene un Reino**
6. Dios es un Padre Fiel:
    a. Que nos ama
    b. Que provee
    c. Que nos protege
    d. Que nos guía
7. Dios es y será:
    a. Dios tiene y tendrá un Reino
    b. Dios reina con autoridad
    c. Dios tiene y tendrá poder
    d. Dios tiene y tendrá toda la gloria

1. DIOS ESTÁ EN LOS CIELOS

"Padre nuestro que estás en los cielos"
(v.9)

Es común que al orar a Dios dirijamos la cabeza hacia las nubes, hacia lo que representa para nosotros el cielo, un lugar fuera de nuestro alcance cotidiano. Pero cuando adoramos y oramos hacia Dios que está en los cielos no nos referimos a un lugar incierto y misterioso "allá arriba", el cielo es un lugar real, como lo describe el Apóstol Juan en su visión del trono de Dios.[3]

> *...vi un trono **en el cielo,** y a alguien sentado en el trono... Apocalipsis 4:2 (NVI) (Énfasis añadido)*

El cielo, nos dice Jesús, es el lugar donde Dios habita, y la Biblia usa la palabra cielo para describir todo el universo, aun más allá de lo que conocemos:

> Te alabo, Padre, Señor **del cielo** y de la tierra.
> Mateo 11:25 (NVI) (Énfasis añadido)

También se nos dice que es el lugar de residencia futura del justo, donde debemos de invertir y tener nuestro tesoro:

> No acumulen para sí tesoros en la tierra, donde la polilla
> y el óxido destruyen, y donde los ladrones se meten a robar.
> Más bien, acumulen para sí tesoros **en el cielo,** donde ni la
> polilla ni el óxido carcomen, ni los ladrones se meten a robar.
> Mateo 6:19-20 (NVI) (Énfasis añadido)

Sin duda, el cielo es el lugar donde la presencia de Dios es completa[4], y cuando estemos ahí tendremos un conocimiento perfecto de Dios, de forma directa[5]. Además, en el cielo no hay mal, ni sus consecuencias, ni su promotor.

> Él les enjugará toda lágrima de los ojos. Ya no
> habrá muerte, ni llanto, ni lamento ni dolor.
> Apocalipsis 21:4 (NVI)

El cielo es un lugar de inexplicable esplendor y gran gloria que es la misma naturaleza de Dios[6].

> La calle principal de la ciudad era de oro puro, como cristal
> transparente. . . La ciudad no necesita ni sol ni luna que la alumbren,
> porque la gloria de Dios la ilumina, y el Cordero es su lumbrera.
> Apocalipsis 21:18-21

En nuestra oración al Padre debemos de recordar nuestro lugar y Su lugar. No nos estamos dirigiendo al vecino, ni siquiera al gobernante de nuestro país, estamos hablando al Dios que es el mismo ayer, hoy y por los siglos,[7] el que habita el universo, el que es más grande, **¡mucho más grande que nuestros problemas!**, un Rey sentado en su trono en los cielos gobernando, con poder y autoridad, y lo más maravilloso es que este gran Rey en los cielos... es nuestro Padre amado.

2. DIOS ES SANTO

"Santificado sea tu nombre" (v.9)

La frase "Santificado sea tu nombre", es tanto un exaltar a Dios como un humillarnos nosotros. El profeta proclama gran alabanza diciendo:

> *"Santo, santo, santo es el SEÑOR Todopoderoso;*
> *toda la tierra está llena de su gloria."*
> *Isaías 6:3 (NVI)*

Tendemos a pensar en la palabra Santo -que es un atributo de Dios- como un término que nos intimida o nos hace sentir descalificados y distantes, porque no contamos nosotros con esa pureza para complacer a Dios. O podemos verlo como un atributo del Creador que es como una barrera, un obstáculo creado por Su perfección en comparación con nuestra pequeñez, debilidad y pecado. Pero Santo o Santidad hablan de lo **completo y total** que es Dios.

Él es completo, nada le falta en Su carácter y ser, nada tiene que ser añadido para hacerlo suficiente. Esta perspectiva nos debe de dar esperanza, porque si Su Santidad es completa y Su naturaleza es dar, Él quiere compartir Su santidad con nosotros para completarnos, así que Su santidad no debe de ser un obstáculo que nos aleje; más bien, debe de ser un recurso para nuestra insuficiencia.[8]

Dios está dispuesto a derramarse sobre nosotros con Su consejo para completar aquellas áreas de nuestra vida que están incompletas, las que están sin santidad por nuestras limitaciones y pecado.[9]

Al presentarnos al Padre que es "Santo, Santo, Santo"[10], encontraremos que nuestra falta de santidad es obvia. Las fallas en nuestro carácter son reveladas ante Él, y esto es algo bueno, porque **estamos en un lugar seguro, ante nuestro Padre que nos conoce perfectamente.** Frente a Él no tenemos que ocultar nada, o mejor dicho, no podemos ocultar nada. Y así, Su Santo Nombre comenzará a tratar en amor con todos los residuos y la destrucción que puedan existir en nosotros causados por nuestro pasado de desorden y pecado.

"Somos transformados en lo que contemplamos", y al contemplar al Santo Dios de los Cielos, seremos llevados en paciencia, amor y en verdad a una transformación profunda, la que únicamente un Padre poderoso como Él puede hacer por sus hijos.

La Biblia nos dice que *"seamos santos como Él es Santo"*[11]. Esto, más que una declaración condenatoria, es una invitación, una oportunidad que tenemos por delante, no de algo que podamos lograr por nosotros mismos, sino que es algo que el que es Santo, el Todo Suficiente y Todo Poderoso, puede lograr mientras dejamos que Su vida en nosotros crezca y sea evidente.

Así es que Jesús nos invita a saber, recordar y declarar que nuestro Padre en los cielos es Santo y nos invita a estar en Su presencia para darle a Dios la oportunidad de trabajar en nosotros y así ser transformados conforme a Su imagen, y que así, podamos reflejar lo que Él es.

A esto se le llama el proceso de "santificación", uno por el que cada hijo de Dios tiene que pasar. Estamos llamados a ser santos como Él es Santo, pero esto es algo que lleva tiempo, no se da en un solo día, o en una sola oración, pero ¡sí sucede! Al estar pasando tiempo con el Santo Dios, poco a poco -en un caminar paciente pero constante- nos daremos cuenta que un proceso ha iniciado, que el Alfarero está trabajando en su obra. El Apóstol Pablo lo declara de esta forma:

Estoy persuadido de que el que comenzó en ustedes la buena obra, la perfeccionará hasta el día de Jesucristo.
Filipenses 1:6

3. DIOS ES CONOCIDO

Padre nuestro que estás en los cielos, santificado sea tu nombre. Venga tu reino. (v.9,10)

Él es nuestro Padre, sabemos dónde está y podemos comunicarnos con Él.

Jesús nos lleva a comenzar nuestra oración contemplando la grandeza de Dios y reconociendo Su cercanía. Es aquí donde nuevamente entra el título de "PADRE", que nos habla de alguien cercano y también de alguien conocido por sus hijos.

*Sin fe es imposible agradar a Dios, porque es necesario que el que se acerca a Dios crea que él existe, y que **sabe recompensar a quienes lo buscan.** Hebreos 11:6 (Énfasis añadido)*

Sin duda, **nuestra oración es una búsqueda,** pues deseamos una relación con Dios Padre, anhelamos caminar cerca y conocer más sobre Él, es decir, aumentar nuestra revelación de Dios.

Cuando decimos que Dios es conocido no significa que el hombre haya descubierto a Dios, sino todo lo contrario, es Dios quien se ha revelado al hombre, es Él quien ha tomado la iniciativa para manifestarse al ser humano, por lo que podemos decir confiadamente que lo que conocemos de Dios es lo que Él mismo nos ha mostrado.

"El Dios conocido se ha dado a conocer."

De hecho, la teología es una disciplina que busca entender al Dios revelado y proveer un entendimiento cristiano de la realidad de acuerdo a esa revelación. Sería muy soberbio pensar que tú y yo hemos descubierto a Dios. Es Él el que nos ha encontrado y se nos ha manifestado.

¿PERO CÓMO ES QUE DIOS SE HA DADO A CONOCER A NOSOTROS?

Una manera en que Dios se revela a nosotros es a través de la naturaleza, a través de Su creación. ¿Te ha sucedido que te maravillas al ver los colores de un atardecer o la grandeza del mar? Podemos conocer al Creador a través de lo que ha hecho, y aún más, en Su creación favorita que es el hombre podemos ver Sus maravillas. Al observar la maravillosa estructura física que tenemos, nuestra fisiología y la capacidad mental; cuando vemos el impulso moral que Dios ha puesto en el ser humano, una conciencia para discernir el bien y el mal, así como la búsqueda espiritual que toda persona en todas las épocas tiene y tendrá, vemos evidencias de la existencia y cercanía del Creador.

Pero Dios ha ido un paso más adelante, se ha revelado al mostrarse a personas en tiempos específicos, los cuales nos han transmitido lo que han vivido, experimentado y escuchado; y al escribirlo, ha dado lugar a la Palabra inspirada que tenemos de parte de Dios, la Biblia. El Antiguo y Nuevo Testamento son una revelación de parte de Dios en donde lo podemos conocer mejor, porque nos ha mostrado a través de narraciones históricas, proféticas y poéticas, Su persona, Su plan y Su voluntad.

Pero Dios no ha detenido ahí su manifestación hacia nosotros, aún tenemos la revelación más fiel y completa de Dios -Jesús mismo- porque Él es Dios con nosotros.

> *El Padre me ha entregado todas las cosas, y nadie*
> *conoce al Hijo, sino el Padre, ni nadie conoce al Padre,*
> *sino el Hijo, y aquel a quien el Hijo lo quiera revelar.*
> *Mateo 11:27*

Jesús es la manifestación máxima de Dios para nosotros, esto nos habla de la voluntad de Dios de darse a conocer, porque Dios mismo se hizo hombre y habitó entre nosotros, pudimos escucharlo, aprender de Él y observarlo. Y aquí en "El Padre Nuestro", Dios Hijo nos revela a Dios Padre.

CUANDO COMIENCES TU TIEMPO DE ORACIÓN MARAVÍLLATE DE ESTO, "CONOCEMOS A DIOS".

Ahora sabemos dónde está Dios, "en los cielos" y que nos podemos acercar en oración a Él. Si pudiéramos representar la distancia entre Dios y nosotros (entre el cielo y la tierra) con cien escalones, podríamos decir que Dios ha tomado ya la iniciativa y ha bajado 99 de los mismos. La pregunta es si nosotros subiremos ahora ese sencillo escalón que nos toca. La oración de "El Padre Nuestro" es un sencillo escalón hacia una relación de amor y cercanía, hacia una relación de paternidad y protección.

Un punto más, decíamos que la oración es comunicación con Dios, y en la comunicación necesita existir una conversación, en donde se habla y se escucha. Y he aquí un principio importante para conocer a Dios: **al escucharlo lo conocemos.** Al conversar con Él, al guardar silencio durante nuestra oración y escuchar lo que Él tiene que decir, al preguntarle en alguna situación y esperar Su respuesta, crecerá nuestro conocimiento del Dios que tiene una opinión en nuestro diario caminar. El escucharlo es conocer Su voluntad.

4. DIOS TIENE UNA VOLUNTAD

Hágase tu voluntad, en la tierra como en el cielo.
(v.10)

Conocemos al Dios cercano con el que nos relacionamos como hijos, y por tanto, podemos y debemos conocer cuál es Su voluntad.

Es frecuente que ante una situación complicada en su vida, la gente me haga esta pregunta: *"-¿Qué es lo que dice Dios?"* o *"¿Qué opina Dios de esto?"* En una ocasión, una mujer que enfrentaba un fuerte problema en su matrimonio y éste parecía romperse sin solución, me dijo entre lágrimas: *¡Sólo quiero saber qué es lo que Dios quiere que haga en esta situación y yo lo haré!* Esa valiente mujer rescató su matrimonio obedeciendo la voluntad de Dios, y hoy esta pareja vive felizmente.

Sí, Dios tiene una voluntad, tiene una opinión acerca de temas cotidianos en nuestras vidas, sobre decisiones tomadas y por tomar, sobre caminos recorridos o por recorrer; y quizá en ocasiones será Su opinión que no los recorramos más o que aún no es el tiempo para hacerlo.

La voluntad nos habla del deseo, disposición, inclinación o elección de alguien, una disposición a actuar que va de acuerdo a principios o fines.

El Apóstol Pablo nos dice que la voluntad de Dios es: **buena, agradable y perfecta.**[12] Si es así, ¿no te da curiosidad conocerla y confianza de obedecerla?

¿Por qué hemos pensado que Dios es silencioso ante temas trascendentes en la vida de Sus hijos? Hemos creído que Dios no tiene nada qué decir de nuestro actuar, y esa forma de pensar sólo nos lleva a imaginar a un Dios distante y desinteresado. Pero Jesús nos ha presentado todo lo contrario, a un Padre cercano y pendiente, uno que sí tiene una opinión clara, la cual es importante para nosotros y es posible conocerla.

La opinión de Dios sigue siendo relevante para nuestro diario caminar. *"Hágase tu voluntad*[13]*"* es un clamor de un hijo al reconocer una mejor y mayor voluntad que la propia, y al humillarse al pedir que no sea su agenda la que reine en su vida, sino la agenda del Reino, la que se escucha en los Cielos, la que dicta Nuestro Padre.

Así como hizo esa mujer de quien comenté anteriormente al preguntarse lo que Dios opinaba del asunto, una buena pregunta a hacer a Dios en nuestro diario caminar es: **-¿Cuál es tu voluntad en este asunto, Señor?**

¿Te imaginas si hacemos de esto una práctica diaria? ¿Te imaginas si nuestra familia no tomara decisiones sin antes cerciorarse de cuál es Su voluntad? ¿Te imaginas si nuestra Nación no se moviera sin antes consultar cuál es el consejo de Dios? ¡Qué diferente sería todo! Porque recuerda, Su voluntad es buena, agradable y perfecta[14], por lo que hay que conocerla preguntando, escuchando y obedeciendo.

TE HAS PREGUNTADO: ¿DIOS TIENE ALGO QUE DECIR EN ESTE ASUNTO?

5. DIOS ES UN REY QUE TIENE UN REINO

...Venga tu reino... (v.10)
...Porque tuyo es el reino, y el poder y la gloria (v.13)

Jesús continuamente habló del Reino de los Cielos[15], del Reino que se había acercado[16], del evangelio del Reino[17] y del Reino a buscar[18]. Es uno de los temas favoritos en sus parábolas e ilustraciones. El Reino de los Cielos nos habla de ese lugar de habitación y perfecto gobierno de Dios.

Un Reino demanda un Rey que tiene derecho a gobernar y a un soberano que sea responsable de lo que sucede en el Reino.

Nuestro Padre es ese Rey que gobierna con derecho y autoridad. De hecho, cualquier lugar donde Él gobierne es llamado Su Reino, por eso es que Jesús anunció que el Reino de los Cielos se había acercado[19], porque el gobierno de Dios estaba siendo establecido, Su poder y autoridad eran evidentes, el Rey estaba presente.

Dondequiera que a Dios, Nuestro Padre, se le invita a gobernar, lo llamamos Su Reino. *"Venga tu Reino[20]"* es un clamor a Su intervención, un rendirse a Su consejo y un recordar que Él es responsable. Sí, Dios está vigilante de Su Reino, es Su responsabilidad mantenerlo en orden y dar buena provisión. Nosotros, sus hijos, estamos incluidos en esta Su responsabilidad.

Hablar de Su Reino es hablar de Orden y Paz.
Hablar de Su Reino es hablar de Gracia y Verdad.
Hablar de Su Reino es hablar de Justicia y Misericordia.

El Reino de Dios es **superior,** por mucho, a lo que vemos a nuestro alrededor, mucho más perfecto que lo que podríamos soñar, mucho más grande que lo que podríamos describir.

El Señor ha dicho:
«Mis pensamientos no son los pensamientos de ustedes,
ni son sus caminos mis caminos. Así como los cielos son más
altos que la tierra, también mis caminos y mis pensamientos
son más altos que los caminos y pensamientos de ustedes.
Isaías 55:8

Estar conscientes de que Dios es un Rey con un Reino es importante para nuestra vida de fe, porque nosotros vivimos bajo el gobierno del Rey. Es un gobierno diferente al que podemos encontrar comúnmente en nuestras naciones, no es una democracia donde todos debemos de votar, no es una dictadura donde nadie puede hablar ni opinar. Es un Reinado perfecto, ejercido por un Rey sabio y misericordioso, donde sí podemos opinar en confianza y respeto, pero la última palabra siempre la tiene y tendrá El Rey.

UNA ORACIÓN A DIOS:

Dios creador, reconocemos tu grandeza. Tú habitas los cielos, tú llenas el universo, tú sostienes la vida.
*Papá Dios, festejamos tu cercanía e interés por nosotros. El sólo pensar en ti como un Padre, sana nuestro corazón. Enséñanos a dirigirnos a ti con la confianza de un hijo, que está seguro que estás cerca y atento a lo que tiene que decir, que anhela conocer más tu corazón. Hoy sabemos que **no** eres ajeno, perdónanos por haberte mantenido*

distante de nuestro diario caminar. Hoy te decimos: ¡Ven, opina, intervén, dirige!

Abrimos nuestros oídos a tu consejo y disponemos nuestro actuar a tu buena, perfecta y agradable voluntad para nosotros. Hoy decidimos habitar en tu Reino, caminar en tu gobierno, actuar en tu consejo.

No hay nada oculto a ti, lo sabemos, lo entendemos y estamos en paz con eso, porque sabemos que hoy hablarás a lo profundo de nuestro corazón, sanarás nuestras heridas, ordenarás nuestros pensamientos y harás crecer nuestros sueños. Forma en nosotros todo tu propósito, en tus manos estamos, en tus manos nos rendimos, en tus manos habitamos.

Papá Dios, te amamos, eres el mejor.

[1] Kevin Grim (comunicación personal)
[2] Kevin Grim (comunicación personal)
[3] Apocalipsis 4:8
[4] Apocalipsis 21:3
[5] 1 Corintios 13:9-12
[6] Lucas 2:14 y Mat 24:30
[7] Hebreos 13:8
[8] Hayford, Spirit.
[9] Hayford, Spirit.
[10] Isaías 6:3
[11] 1 Pedro 1:16
[12] Romanos 12:2
[13] Mateo 6.10
[14] Romanos 12:2
[15] Mateo 5:3
[16] Mateo 3:2
[17] Mateo 4:23
[18] Mateo 6:33
[19] Mateo 3:2
[20] Mateo 6.10

CAPÍTULO SIETE

DIOS ES UN PADRE QUE ES Y QUE SERÁ

PADRE NUESTRO · PADRE NUESTRO

Ilustración: El Padre Nuestro (v.9-13)

a. Nuestro papel

b. El papel de Dios

c. Nuestra interacción con Dios

d. El tono de nuestra oración

EL PAPEL DE DIOS

⁹ Por eso, ustedes deben orar así:

Padre nuestro, que estás en los cielos,

santificado sea tu nombre.

¹⁰ Venga tu reino. Hágase tu voluntad,

en la tierra como en el cielo.

¹¹ El pan nuestro de cada día, dánoslo hoy.

→ Dios proveedor

¹² Perdónanos nuestras deudas, como también

→ Dios reconciliador

nosotros perdonamos a nuestros deudores.

→ Dios protector

Dios

¹³ No nos metas en tentación, sino líbranos del mal;

→ Sacar por fuerza

porque tuyo es el reino, el poder, y la gloria,

Dios

por todos los siglos. Amén.

→ Llega, conquista, gobierna

↓ Eternidad, siempre principio y fin

DIOS — **PADRE** — ama
provee
protege
guía

|
REY
Gobierna
Autoridad
Responsabilidad

- **Tiene:**

Reino
Poder
Gloria

— justicia
paz
gozo

↳ perdona, libra, da, enseña (pruebas)

INTRODUCCIÓN

Estamos descubriendo a lo largo de "El Padre Nuestro" el rol que Dios como Padre quiere tener con Sus hijos. Con esto, nuestra confianza aumentará y estaremos muy en paz con nuestro continuo pedirle a Él -ya sea un perdónanos, un dánoslo o un líbranos- y muy expectantes al escucharle a Él constantemente.

Así que prosigamos conociendo el Papel de Dios presentado en este modelo de oración al saber que:

1. Dios está en los Cielos
2. Dios es Santo
3. Dios es conocido
4. Dios tiene una voluntad
5. Dios es un Rey que tiene un Reino
6. **Dios es un Padre Fiel:**
    a. **Que nos ama**
    b. **Que provee**
    c. **Que nos protege**
    d. **Que nos guía**
7. **Dios es y será:**
    a. **Dios tiene y tendrá un Reino**
    b. **Dios reina con autoridad**
    c. **Dios tiene y tendrá poder**
    d. **Dios tiene y tendrá toda la gloria**

6. DIOS ES UN PADRE FIEL

Dios siempre nos ama, provee para nosotros, nos protege y nos guía.

A. DIOS NOS AMA: *"Perdónanos nuestras deudas" (v.12).* No hay manera que podamos perdonar si no amamos. El perdonar es el camino a reconciliar, a establecer una relación; y el amor es la herramienta con la que lo logramos. ¿Te ha pasado por la mente el pensamiento: "Si Dios en verdad me amara..."? ¡Qué mayor demostración de Su amor que el habernos hecho hijos, adoptarnos en Su familia y tomar la iniciativa para poner en orden todo lo necesario para lograrlo!

> *En esto consiste el amor: no en que nosotros hayamos amado a Dios, sino en que él nos amó y envió a su Hijo para que fuera ofrecido como sacrificio por el perdón de nuestros pecados.*
> *1 Juan 4:10 (NVI)*

B. DIOS PROVEE PARA NOSOTROS: *"dánoslo hoy..."* *(v.11).* Dios está interesado en los detalles de nuestra vida. Debemos de involucrar a Dios en las cosas sencillas y cotidianas.

Así lo llegaremos a conocer como un proveedor cercano, que está pendiente aun de lo que comeremos hoy, debiendo caer en cuenta que no es por nuestras manos que tenemos las cosas, sino por Su gracia. Esto nos lleva a reconocer y crecer en dependencia con Dios, lo que es bueno, porque Él es un proveedor. Algunas personas citan el refrán refiriéndose a Dios: *"Ayúdate que yo te ayudaré";* sin embargo, esto no está escrito en la Biblia. En cambio, *"Pide por tus necesidades diarias"* sí lo está. No es que debamos de caer en irresponsabilidad y flojera, sino más bien, que debemos de consultar al Padre aun en las cosas pequeñas de la vida. Esto es dependencia, y su fruto es seguridad.[1]

C. **DIOS NOS PROTEGE:** *"líbranos del mal"* *(v.13)*. Todo hijo necesita protección de su padre y todo padre debe de proveerla. Y el Señor es protector por naturaleza. La Biblia lo describe como nuestra fortaleza, nuestro castillo, alto refugio, roca nuestra, nuestro libertador y escudo, por mencionar algunos.[2]

A ti, fortaleza mía, vuelvo los ojos, pues
tú, oh Dios, eres mi protector.
Salmos 59:9 (NVI)

D. **DIOS NOS GUÍA:** *"no nos metas en tentación"* *(v.13)*. En una ocasión durante una expedición por la selva, perdí el camino. Y estando rodeado de espesa vegetación que no me permitía ver más de unos cuantos metros, deseaba poder elevarme y tener una visión panorámica del lugar donde me encontraba. No podía discernir dónde estaba y estuve perdido por horas, desorientado, sin poder reconocer el lugar. ¿Te has encontrado en una situación así en la vida? Recordemos que Dios tiene un mejor panorama de nuestra situación y un buen consejo en cuanto a cómo seguir avanzando hacia un buen destino. Su posición infinitamente más elevada le permite ver mejor que lo que nosotros vemos.

Porque todos los que son guiados por el Espíritu de Dios,
éstos son hijos de Dios.
Romanos 8:14 (NVI)

CONFIANDO EN LA FIDELIDAD DE MI PADRE:

Dios es mi Padre, el que me ama, el que me protege, el que me provee, el que me guía. Es decir, alguien con la autoridad, la responsabilidad y el cariño de un Padre Celestial, que sin duda no tiene las carencias que a veces pudieran tener -o han tenido- nuestros padres terrenales.

Quizá a ti te da confianza y seguridad la figura de Padre, te habla de cercanía y amor, porque tu padre terrenal fue bueno (aunque ningún padre terrenal es perfecto) y es fácil poder relacionarte entonces con tu Padre Celestial como alguien cercano y de confianza. Pero quizá tu papá terrenal fue uno ausente, distante, o posiblemente malo en los estándares que estamos hablando. Esto puede estorbar tu percepción de Dios Padre, porque nuestras experiencias pasadas pueden estorbar o ayudar nuestro caminar presente. Tendemos a tomar experiencias pasadas para formar ideas en el hoy. Si es tu caso, si cada vez que hablamos de un Padre bueno y cercano algo dentro de ti no lo cree, si te cuesta visualizarlo, seguramente hay una herida en ti que te grita todo lo contrario.

Mira lo que dice la Biblia sobre Dios en contraste con tus padres terrenales:[3]

> *Podrían mi padre y mi madre abandonarme,*
> *pero tú, Señor, me recogerás.*
> *Salmos 27:10*

Si tu padre o madre terrenal han sido padres malos o ausentes, el dolor que tienes es real, pues han hecho mal hacia ti. Tú necesitabas a tu padre cerca, pendiente y amoroso. Me da pena que no fue así, pero te tengo una buena noticia. El Señor quiere recibirte en Sus brazos, Él quiere sanar esas heridas, Él quiere adoptarte en Su familia y ejercer la Paternidad correcta, la que anhelas, la que necesitas. ¿Le darás la oportunidad?

Mi esposa tuvo padres ausentes, aunque no fue porque fueran malos, sino porque murieron cuando ella era pequeña. No pudieron estar cuando ella más los necesitaba. Pero un buen día conoció a Dios Padre y Él la recibió con estas palabras cuando un hombre de Dios -que sin conocerla a ella ni a su historia- le dijo de forma profética de parte de Dios: **"Aunque tu padre y madre te dejaron, con todo, Yo te abrazo"**[4]. Quedó impactada de cómo alguien que no la conocía podía haber hablado estas palabras a su vida, pero Dios Padre sí la conocía. Su vida cambió, las heridas causadas por la ausencia y abandono comenzaron a sanar. Ya no era huérfana, nunca más, ahora tenía un Padre, ¡el mejor!, que la tomaba en sus brazos y la cuidaría por el resto de su vida. Cuando yo la conocí y comencé a pretenderla, no me fue fácil, porque tenía delante de mí una princesa que había sido hermoseada por su Padre Rey, y porque me enfrenté a un suegro que habita los cielos.

7. DIOS ES Y SERÁ

Porque tuyo es el reino,
el poder, y la gloria, por todos los siglos. Amén. (v.13)

La oración de "El Padre Nuestro" en el evangelio de Mateo cierra de una forma espectacular. Lo hace regresando a reconocer que todo es de Él, que la respuesta llegará, el problema se solucionará, la decisión se tomará y todo... es para Su Gloria.[5] Reconozcamos que el Reino, el Poder y la Gloria son de Dios, solamente participamos en suplicar Su intervención, pero debemos de reconocer que Él es el Omnipotente, Omnisciente y Todo Poderoso.

A. **DIOS TIENE Y TENDRÁ UN REINO:**

Porque tuyo es el reino... por todos los siglos. (v.13)

Me encantan las películas que suceden alrededor de algún reino medieval. Muchas narran el surgimiento de un nuevo reinado, o cómo le es robada la monarquía a algún soberano descuidado, o la manera en que se defiende el territorio de invasores, etc. El Reino de los Cielos, que le pertenece a Dios, es un Reino diferente a todos los que podemos ver modelados en esas películas épicas. El apóstol Pablo nos dice que es un reino de **justicia, paz y gozo:**

porque el reino de Dios no es cuestión de comida ni de
*bebida, sino de **justicia, paz y gozo** en el Espíritu Santo.*
Romanos 14:17 (Énfasis añadido)

JUSTICIA: Porque el Reino es gobernado por un Rey Justo. Él es justo en todo lo que es y lo que hace. No hay injusticia en Él, y Dios administra su Reino sin favoritismo ni parcialidad. La rectitud es una característica del Rey y de su Reino.

Proclamaré el nombre del SEÑOR. ¡Alaben la
grandeza de nuestro Dios! Él es la Roca, sus obras
son perfectas, y todos sus caminos son justos. Dios
es fiel; no practica la injusticia. Él es recto y justo.
Deuteronomio 32:3-4 (NVI)

Dios es un Padre amoroso que sin duda perdona la maldad, la rebelión y el pecado de quien se arrepiente y recurre a su perdón; pero es claro que no tendrá como inocente al malvado[6], sino que da a cada uno conforme a su perfecta justicia.

Cuando oramos a Dios recordemos que Él es fiel a sí mismo y a su pacto, Él es juez sobre los hombres y las naciones.

PAZ: Porque el Reino es gobernado por un Rey que siempre promueve la paz. La paz es entendida como la reconciliación entre dos partes y trae un entendimiento hacia un fin común. Dios ha provisto lo necesario para traer paz entre Él y nosotros, para reconciliarnos y para quitar nuestro pecado que le era hostil a Dios.

La paz no la debemos de entender como la ausencia de problemas en nuestras vidas, sino como la presencia de Dios, del Rey que puede atender esas dificultades. En ocasiones, Dios calma la tormenta exterior, pero otras veces, aunque ésta no se calme, nos calma a nosotros y nos da una paz superior.

Y que la paz de Dios, que sobrepasa todo entendimiento,
guarde sus corazones y sus pensamientos en Cristo Jesús.
Filipenses 4:7

GOZO: Que es un resultado obvio de la justicia y la paz de Dios.

El gozo lo podemos expresar como una emoción de intensa alegría y celebración, una alegría que no es externa y pasajera, sino interna y duradera. Esto sucederá cuando en nuestra vida de oración experimentamos la presencia del Rey.

En tu presencia hay plenitud de gozo.
Salmos 16:11

B. DIOS REINA CON AUTORIDAD

Cuando Jesús hablaba acerca del Reino de Dios, la gente se maravillaba de lo que decía. Lo que la gente notaba es que enseñaba con autoridad:

Cuando Jesús terminó de decir estas cosas, las multitudes
se asombraron de su enseñanza, porque les enseñaba como
quien tenía autoridad, y no como los maestros de la ley.
Mateo 7:28-29 (NVI)

El Rey tiene autoridad en el Reino, una autoridad para gobernar y un derecho legal para legislar. Nuestra oración está dirigida a Aquel que tiene **toda** autoridad.

Así que mientras los apóstoles estaban con Jesús, le
preguntaron con insistencia: —Señor, ¿ha llegado ya el
tiempo de que liberes a Israel y restaures nuestro reino?
*Él les contestó: —**Solo el Padre tiene la***
***autoridad** para fijar esas fechas y tiempos, y*
a ustedes no les corresponde saberlo;
Hechos 1:6-7 (NTV) (énfasis añadido)

"Tuyo es el Reino" está en tiempo presente, no es algo futuro a suceder, no fue algo pasado que ocurrió una vez y ya no más, es algo que está sucediendo de forma continua hoy, ahora.

No tengan miedo, mi rebaño pequeño, porque es la buena voluntad del Padre darles el reino.
Lucas 12:32 (NVI)

Aunque en un futuro experimentaremos la totalidad de Su Reino cuando Cristo regrese, tenemos que estar conscientes de que esta oración tiene que ver con el gobierno y poder de Dios impactando situaciones ahora.[7]

C. DIOS TIENE Y TENDRÁ EL PODER:

porque tuyo es... el poder... por todos los siglos. (v.13)
Nuestra oración al Padre no tendría sentido si Él no tuviera el poder para responder a nuestras peticiones. ¿Qué sentido tendría exponer un asunto a alguien que no posee lo que se requiere para atender el mismo?

Si alguien llegara conmigo con la preocupación de arreglar el tipo de cambio de la moneda nacional, lo escucharía con gusto, podría conversar del asunto, pero sería difícil que le pudiera dar una solución. Si esa persona regresara en un mes a tratar el mismo asunto le tendría que dar la misma respuesta: *"No está en mí"*. Estoy seguro que no regresaría la tercera vez, dedicaría su tiempo a buscar a alguien que sí tuviera el poder para atender su preocupación.

¡Sí está en Dios! Por eso es que Jesús nos enseña a dirigirnos a Él, porque Dios sí tiene el poder y la sabiduría. Y es por eso que insistimos en que debemos de orar solamente a Dios, porque nos estamos dirigiendo a alguien que tiene los recursos necesarios para atender nuestra solicitud.

Dios tiene el Poder para dar: *"el pan nuestro de cada día, dánoslo"*

Dios tiene el Poder para perdonar: *"perdónanos nuestras deudas"*

Dios tiene el Poder para rescatar: *"líbranos del mal"*

Y Dios tiene el Poder para disciplinar: [8] *"no nos metas en tentación"*

Aunque pase el tiempo y no veamos la victoria de la forma en que nosotros la esperamos o interpretamos, sabemos que no hemos sido abandonados, Su Santo Espíritu nos trae Su presencia y poder ahora, para cualquier circunstancia que encontremos. Habrá tiempos en donde veamos el poder de Dios en acción, con sanidades y milagros en nuestras vidas. Pero también habrá tiempos en donde Dios simplemente dice: **"CONFÍA"**, el tiempo no es ahora, pero mientras tanto, el poder de mi Espíritu te sostendrá.[9]

El **poder** es suyo, pero también el tiempo para ejercerlo. Al declarar que "Suyo es el Poder", le estamos diciendo con fe a pesar de las circunstancias que nos rodean: *"La Autoridad del Reino es tuya, porque Tú eres el dueño de todo, y mientras me rodee de ese Reino una porción a la vez, día a día, estaré confiado, porque tuyo es el Poder."*

D. DIOS TIENE Y TENDRÁ TODA LA GLORIA:

porque (tuya)... es la gloria... por todos los siglos. (v.13)

Dios es Padre de **gloria**[10], ésta se refiere a su hermosura, poder y honor, es una cualidad del carácter de Dios que enfatiza su grandeza y autoridad[11]. La gloria no es algo que Dios se ha ganado, o que se le ha otorgado, la gloria es algo que Él posee.

Tener gloria se refiere a exceder en: honor, esplendor, poder, autoridad, riqueza, magnificencia, fama, dignidad y excelencia; por eso es sólo Dios quien tiene este atributo.

Esta excelencia de Dios, su belleza moral, su carácter perfecto, es más allá de lo que podamos comprender o describir, y es en este punto donde utilizamos la palabra **"gloria"**, que en cierta forma describe lo que no se puede describir, que apunta a lo que el hombre no posee, y que exalta al mismo tiempo al único poseedor de toda la gloria, Dios mismo.

El significado de la palabra describe algo de sustancia o de gran peso, ésta es la excelencia de Dios en todos sus aspectos, ésta es la grandeza que al final de El Padre Nuestro se exalta.

Mencionamos la gloria de Dios como una expresión y forma de adoración a Él. Puedes notar cómo comenzamos El Padre Nuestro exaltando a Dios, *"Santificado sea tu Nombre"*[12] y también cerramos nuestra oración exaltándolo, *"tuya es la gloria"*[13]. La adoración no sólo es una correcta etiqueta para dirigirnos a Dios, es la única forma de aproximarnos a Aquel que tiene, posee, y refleja ¡gloria!

No a nosotros, oh SEÑOR, no a nosotros
sino a tu nombre le corresponde toda la gloria,
por tu amor inagotable y tu fidelidad.
Salmos 115:1 (NTV)

Tuya es la gloria es una forma de recordarnos que nosotros no somos poseedores de esa excelencia, perfección y hermosura. Él es la única fuente.

Y el Verbo se hizo hombre y habitó entre nosotros. Y
hemos contemplado su gloria, la gloria que corresponde
al Hijo unigénito del Padre, lleno de gracia y de verdad.
Juan 1:14 (NVI)

Esto siempre será algo importante a recordar durante nuestra oración, que la gloria le pertenece únicamente a Dios, que lo que pedimos es y será para Su gloria y lo que buscamos es y será Su gloria.

¿Crees que sea correcto pedir algo en oración que no le dé la gloria a Dios, que la quiera robar o más bien que quiera darla a nosotros? Perfectas oraciones pueden ser arruinadas por malos motivos.

No tienen, porque no piden. Y cuando piden, no reciben
porque piden con malas intenciones, para satisfacer sus
propias pasiones.
Santiago 4:2-3 (NVI)

Posiblemente venga esta pregunta a tu corazón: ¿Si he pedido, por qué es que no he recibido? Qué buena pregunta.
Consulta el Apéndice C donde abordamos a detalle este tema.

El levantar una oración de dependencia, que humildemente reconozca que la gloria es de Dios, es una seguridad de completa victoria -conforme a Su voluntad- en Su Tiempo.[14]

Humíllense, pues, bajo la poderosa mano de Dios, para
que él los exalte a su debido tiempo.
1 Pedro 5:6 (NVI)

UNA ORACIÓN A DIOS:

Dios, me maravilla todo lo que tú eres y haces, me conmueve el que decidas mirar hacia mí. Reconozco lo escaso que ha estado de mi parte el comunicarme contigo, Tú que has hecho todo para estar cerca. Hoy te digo que hay un deseo por acercarme, pero al mismo tiempo veo que muchas veces lo que quiero no lo hago y te pido que me perdones y me ayudes para crecer más en mi vida de oración, para lograr estar cerca de ti todos los días. Sé que eso sí transformará mi vida.

Anhelo conocerte como un Padre, confiar en ti todo lo que este corazón de hijo siente y necesita. Remueve de mí dudas que mi pasado trae cuando quiero decirte Papá, sana heridas que me mueven a dudar de tu fidelidad. Clamo por ese amor, esa provisión, protección y guianza que sólo Tú como Padre bueno quieres y puedes darme. Extiendo mis manos hacia las tuyas, recibo ese abrazo que me das, no por mis logros sino sólo por un regalo de misericordia que extiendes hacia mí, yo lo recibo y decido ser sanado con él.

También quiero conocerte más como Rey, no por lo que escuche de otros, sino por una revelación que pido a Tu Santo Espíritu que traiga hoy a mi corazón. Quiero experimentar la justicia que hay en Tu Reino, la paz de saberme encontrado y el gozo de sentirme amado.

Papá y Rey, aquí está el corazón de tu hijo listo para que trabajes en Él. Deseo que Tu paternidad inunde mis pensamientos, que Tu soberanía venza a mis enemigos y Tu gloria sea sólo tuya, mientras camino cada día buscando honrar Tu voluntad.

Padre, te digo: "Habla que tu hijo escucha".

---

[1] Parás
[2] Salmo 18
[3] Parás
[4] Salmo 27:10
[5] Parás
[6] Éxodo 34:7
[7] Hayford. Spirit
[8] Hebreos 12:5-6
[9] Hayford. Spirit
[10] Efesios 1:17
[11] Hayford, Bible, 622
[12] Mateo 6:9
[13] Mateo 6:13
[14] Hayford. Spirit

PADRE NUESTRO · PADRE NUESTRO ·

CAPÍTULO OCHO

NUESTRA INTERACCIÓN CON DIOS

PADRE NUESTRO · PADRE NUESTRO ·

Ilustración: El Padre Nuestro (v.9-13)

a. Nuestro papel

b. El papel de Dios

c. Nuestra interacción con Dios

d. El tono de nuestra oración

INTERACCIÓN

⁹ Por eso, ustedes deben orar así:

Padre nuestro, que estás en los cielos, santificado sea tu nombre.

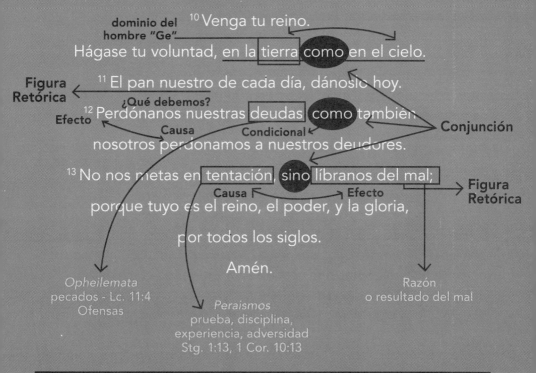

dominio del hombre "Ge" — ¹⁰ Venga tu reino.

Hágase tu voluntad, en la tierra como en el cielo.

Figura Retórica ← ¹¹ El pan nuestro de cada día, dánoslo hoy.

¿Qué debemos?

Efecto ¹² Perdónanos nuestras deudas como también

Causa **Condicional** ← **Conjunción**

nosotros perdonamos a nuestros deudores.

¹³ No nos metas en tentación, sino líbranos del mal;

Causa **Efecto** → **Figura Retórica**

porque tuyo es el reino, el poder, y la gloria,

por todos los siglos.

Amén.

Opheilemata pecados - Lc. 11:4 Ofensas

Peraismos prueba, disciplina, experiencia, adversidad Stg. 1:13, 1 Cor. 10:13

Razón o resultado del mal

INTERACCIÓN

- Cercanía al Padre
- Nos sometemos
- Dependemos
- Nos humillamos
- Somos enseñables
- Paz con Dios
- Paz con el prójimo
- Caminar seguro
- Eternidad

Condicional
- **C** - Perdonar
- **E** - Ser perdonado

Razón o resultado del mal
- **C** - Prueba
- **E** - Ser librado del mal

(C) Causa
(E) Efecto

INTRODUCCIÓN

Después de identificar el papel de Dios y el nuestro en este modelo de oración, veamos la manera en que interactuamos con Dios durante nuestra oración en estas diferentes formas: **pidiendo, recibiendo y sometiéndonos.**

La oración no es otra cosa que una relación dinámica entre Dios y Sus hijos, un comunicarnos, entablar una conversación, hablar y esperar, escuchar y obedecer, pedir y someterse.

Al contemplar El Padre Nuestro es posible descubrir esta alegre interacción que está sucediendo en donde el rol de Dios y el nuestro se entrelazan en un solo proyecto, un solo interés, un solo propósito, con una sola visión.

"La oración es un caminar diario, continuo y alegre con Dios en una misma dirección... la Suya."

Es frecuente que abordemos la oración como una forma de convencer a Dios de que camine en nuestros proyectos, un intento de apelar a Su gran amor por nosotros para que nos conceda aquellos antojos que aún pueden ser contrarios a Sus propósitos o a Su voluntad. Sin embargo, en realidad la oración es totalmente lo opuesto.

La oración al Padre es una forma en que nosotros logramos **caminar en Sus propósitos** renunciando a nuestros limitados caminos. El profeta Isaías lo declara muy contundentemente:

Porque mis pensamientos no son los de ustedes, ni sus caminos son los míos - afirma el SEÑOR. Mis caminos y mis pensamientos son más altos que los de ustedes; ¡más altos que los cielos sobre la tierra!
Isaías 55:8-9 (NVI)

Queda claro que Sus caminos son mayores, más altos, mejores; esto es lógico, ¿quién puede ganarle al Dios que todo lo ve, todo lo sabe y todo lo puede? La interacción que sucede en nuestra oración es una donde comprendemos y reconocemos que Sus caminos son superiores y hacemos todo lo posible por caminar en ellos, con la seguridad de que para esto tenemos **Su ayuda, perdón, provisión y protección.**

El Reino de Dios, donde anhelamos vivir y caminar fielmente, es un lugar de perfecta justicia y eterna gracia, donde existen valores y principios por los cuales deseamos vivir. La interacción que sucede en nuestra oración es para lograr caminar de acuerdo a estos principios, al tomar las promesas de Dios para nosotros y ser librados por Su fidelidad hacia todo el potencial y propósito que ha planeado Dios para nosotros, Sus hijos.

Tenemos que entender que la respuesta a nuestra oración no radica tanto en la voluntad del Padre para concedernos lo que pedimos, como en nuestro correcto aproximar Sus recursos divinos, entendiendo que lo que puede estorbar o frustrar Sus intenciones para nosotros son nuestros errores o carencias. Él tiene una voluntad volcada a bendecirnos, ¿qué padre bueno no tiene esta actitud?

(Consulta el Apéndice C para ver algunas razones por las que no recibimos cuando pedimos).

Compartirás conmigo que muchas veces cuando oramos y pedimos algo, pero no vemos la respuesta en nuestro anhelado tiempo, volteamos a Dios y solemnemente declaramos algo así: *"¿Qué pasa, Dios, acaso no te importo?"*, pero creo que la correcta aproximación debería de ser *"Señor, muéstrame qué hay en mí que está estorbando Tu respuesta"* o *"Muéstrame, Señor, si estoy pidiendo equivocadamente"*. Esto es un proceso de conocerle y conocernos, de pedir y esperar, de hablar y escuchar, de humillarnos y obedecer al poner en acción todo lo que aprendemos según Su Santo Espíritu nos muestra.

Descubramos esta interacción que se nos presenta como:
- Una causa y efecto
- Un condicionante a nuestro hacer
- Un someternos, al rendir nuestra voluntad a la Suya

¿NOTAS ESTA INTERACCIÓN EN EL PADRE NUESTRO?

*en la tierra - **como** - en el cielo. (v.10)*

Donde **"como"** es una conjunción que denota una idea comparativa, "el cielo en contraste con la tierra". Esta conjunción presenta un argumento lógico para reflexionar en él, hay una voluntad sucediendo en el cielo y hay otra voluntad sucediendo en la tierra, ¿se podrán igualar estas voluntades?

*El pan nuestro de cada día - **dánoslo** - hoy. (v.11)*

Donde **"dánoslo"** es un verbo pasivo, es decir, nosotros pedimos pero Dios es el que hace. Demuestra una necesidad, una dependencia y una expectativa.

*perdónanos nuestras deudas - **como** - también nosotros perdonamos a nuestros deudores. (v.12)*

Donde **"como"** se presenta como una condicional de una acción, la nuestra *"perdonamos"* para la acción de Dios, *"perdónanos"*.

*no nos metas en tentación - **mas**[a] - líbranos del mal; (v.13)*

Donde **"mas"** subordina el *"no nos metas en tentación"* a *"líbranos del mal"*; decimos a Dios: *"Sería bueno no estar en pruebas, pero lo más importante es ser librado del mal."*

---

[a] Se usó "mas" en este ejemplo como lo presenta la traducción RVR1960, en lugar de "sino" usada en la traducción RVC.

INTERACTUANDO CON ARGUMENTOS

Uno de mis 4 hijos es muy argumentativo. Antes de expresar su petición a mí, comienza a realizar una serie de razonamientos interactuando conmigo, *"Papá, ¿recuerdas que el verano pasado dijiste que si queríamos podríamos ahorrar para comprar una canoa?"* *"Papá, ¿notaste cómo la semana pasada no tuviste que ayudarme a hacer mis tareas?"* *"Papá, he visto que te gusta hacer buenas inversiones..."*. Esto me puede fascinar, el ver cómo su mente está construyendo -junto con la confianza que me tiene- argumentos para presentarme su petición, pero apelando siempre a mi modo de pensar, a mis valores y/o a promesas anteriores.

También creo que a Dios le gusta que razonemos con Él, que interactuemos mostrándole nuestros argumentos, que le digamos lo que Él ha dicho en Su Palabra y lo que ya ha prometido, así como lo que hemos hecho ya de nuestro lado:

"Padre, como Tú eres el dueño de todo,[1] sé que puedes suplir mi necesidad."

"Padre, así como mantienes a los pajarillos que ni trabajan ni siembran[2] recurro a ti para mi sustento diario, Tú sabes que yo he trabajado y sembrado."

"Padre, has visto cómo he perdonado a mi hermano que ha sido muy duro conmigo, así hoy, apelo a Tu perdón." [3]

"Padre, yo sé que me amas y quieres lo mejor para mí, esta prueba ha sido muy larga, quisiera que pudiera terminar, pero si en ella estás fortaleciendo mi carácter que en un futuro me ayudará a alejarme del mal y a compartir mi fe con otros, entenderé que pueda durar un poquito más. Dame la fuerza."

Por mi parte, como padre, me gusta apelar a la razón de mis hijos en cuanto a su comportamiento, y les puedo decir cosas como: *"¿No crees que es ilógico que me pidas ir al cine cuando no has terminado tu tarea?"* Esto lo hago porque aunque me gusta que mis hijos puedan disfrutar de un buen tiempo de recreación, considero que siempre es más importante **fortalecer su carácter, responsabilidad y valores,** y he experimentado cómo Dios también presenta estos argumentos hacia nosotros, tanto para que obedezcamos como para que confiemos:

*"¿No ves cómo mantengo a los pajarillos
del campo todos los días?"*[4]...

*"Antes de presentar tu adoración a mí, ve y
ponte de acuerdo con tu hermano"*[5]...

"Con la medida que mides, serás medido"[6]...

"Más te vale perder un ojo que todo tu cuerpo"[7]...

Nuestros argumentos hacia el Padre, y los Suyos hacia nosotros interactúan en una hermosa conversación hacia ser **provistos, ser librados y reconciliados,** un camino diario de relación y crecimiento.

Encontramos en El Padre Nuestro cuatro interacciones principales:

1. Cuando nos Sometemos
2. Cuando Dependemos
3. Cuando nos Humillamos
4. Cuando somos Enseñables

Analicemos estas interacciones. Escuchemos los argumentos que nuestro Padre en los Cielos nos da:

1. CUANDO NOS SOMETEMOS

*Venga tu reino. Hágase tu voluntad, en la tierra **como** en el cielo (v.10)*

"El cielo", hemos ya mencionado que es el lugar de habitación de Dios y el lugar donde pasaremos la eternidad, es el lugar donde el Reino de Dios es perfecto y total.

"La tierra", es el lugar de dominio que Dios ha dado al hombre donde buscamos que el Reino de Dios crezca y se establezca.

EL DOMINIO DEL HOMBRE:

En Génesis Capítulo 1 se narra la manera en que Dios dio el domino de la tierra al hombre:

> *Y Dios creó al ser humano a su imagen; lo creó*
> *a imagen de Dios. Hombre y mujer los creó, y*
> *los bendijo con estas palabras: «Sean fructíferos*
> *y multiplíquense; llenen la tierra y sométanla;*
> *dominen a los peces del mar y a las aves del cielo, y*
> *a todos los reptiles que se arrastran por el suelo.*
> *Génesis 1:27-28 (NVI)*

Este dominio dado por Dios fue una gran responsabilidad porque ahora el hombre era responsable de lo que ocurría en la Tierra. Dios es el creador de la Tierra, pero en su infinita sabiduría decidió delegar al hombre la autoridad sobre lo que ocurría o no en ella, el hombre ahora era el responsable de administrar.

Esto es un punto muy importante en nuestro entendimiento de las cosas que suceden a nuestro alrededor, porque debemos de entender que la agonía y confusión de nuestro mundo hoy es un resultado directo de la administración del ser humano.

LA PÉRDIDA DEL DOMINIO DEL HOMBRE:

El hombre traicionó la confianza que Dios le otorgó desde el inicio. Como especie, hemos violado la responsabilidad que Dios nos dio, y esto comenzó en la caída del hombre, cuando Adán, el primer hombre, desobedeció a su creador. Esto fue una tragedia de gran pérdida, el hombre no sólo perdió su relación con Dios, sino también su habilidad de gobernar responsablemente. La habilidad y autoridad para poder administrar exitosamente sobre la tierra fue perdida. Al pecar, el hombre cedió este gobierno sobre la tierra a Satanás.

La Biblia nos dice:
> *el mundo entero está bajo el control del maligno.*
> *1 Juan 5:19 (NVI)*

Así, por su pecado, el ser humano cedió al engaño del diablo y con esto también le transfirió la administración que le correspondía a él. Por ello, desde la caída, nosotros los hombres no sólo hemos estado vulnerables al engaño satánico, sino que por el pecado y rebelión también hemos contribuido al desorden que existe en nuestro planeta.

Entre el pecado del hombre y la agenda de Satanás de robar, matar y destruir[8], es lógico que encontremos ruina donde quiera que está ausente el Reino de Dios.

LA RESTAURACIÓN DEL DOMINIO DEL HOMBRE:

Pero aun en el error del hombre, Dios proveyó solución al problema a través de la vida de Su hijo Jesucristo. Dios envió a Jesús para anunciar, preparar y cumplir la restauración del hombre a Su diseñado gobierno sobre la tierra.

Jesús, siendo Dios, vino en condición de hombre a recuperar -a través de Su vida obediente y santa, de su muerte expiatoria y su poderosa resurrección- lo que el primer hombre había perdido.

Jesús dejó claro que el gobierno de Dios estaba accesible al hombre una vez más. Ya no tenemos que ser víctimas del pecado y del engaño.

Arrepiéntanse, porque el reino de los cielos está cerca.
Mateo 4:17 (NVI)

Jesús, en su ministerio entonces y ahora, nos muestra cada aspecto que el Reino ofrece. Cuando sanó a enfermos, mostró lo que puede suceder cuando el gobierno de Dios entra en una situación.

Estas señales acompañarán a los que crean... pondrán las manos sobre los enfermos, y éstos recobrarán la salud.
Marcos 16:17-18 (NVI)

SOMETIENDO NUESTRO DOMINO A SU GOBIERNO:

Cuando aceptamos a Jesús como nuestro Rey y Salvador comienza nuestra participación en Su Reino[9], donde somos llamados a extender dicho Reino al compartir el evangelio de Cristo con el mundo alrededor nuestro[10], y la manera en que lo hacemos es catalizada por la oración.

Dios nos ha dado -a Sus redimidos, a Sus hijos e hijas- la autoridad de restaurar el Reino a través de la oración al invitar a Dios a cada necesidad y dolor de este planeta. Éste es el sentido de "Venga Tu Reino".

"El poder es de Dios, pero el privilegio
y la responsabilidad es nuestra."[11]

*Venga tu reino. Hágase tu voluntad, en la tierra **como en***
el cielo. (v.10)

"...*como en*", es activamente interactuar con Dios al someter nuestro lugar de dominio, "la tierra", a Su voluntad, a Su Reinado. Ésta es nuestra meta, es nuestra labor diaria, dejar que Su Reino venga, y se establezca su perfecto gobierno en nuestra vida, nuestra casa, nuestra ciudad y nación.

"...*como en*", es una súplica, una invitación y una declaración de lo que anhelamos, en donde reconocemos que el cielo, un lugar de perfecto Reinado de Dios Padre, es lo que necesitamos nosotros aquí y ahora.

La idea de someter contempla el sujetarse o subordinarse a alguien voluntariamente, dado el amor, bondad y mayor capacidad de ese alguien, por lo cual es fácil tomar este paso de sujeción. Es contrario a la idea de dominio en donde alguien por la fuerza toma el control de la otra persona, aplastando la voluntad del otro imponiendo la suya, quiera o no.

Dios es todo un caballero que no dominará por la fuerza a sus hijos amados, Él espera la invitación para entonces actuar. Esa independencia y soberanía que nos ha dado es algo hermoso que Él respeta, y al mismo tiempo esto nos permite desarrollar una relación auténtica con el Padre en los Cielos al someternos a Su Santa voluntad, repitiendo las palabras del Apóstol Pedro: *¿a quién más iremos? Sólo Tú tienes palabras de vida eterna*[12].

Así que necesitamos someternos a Su voluntad e invitar el gobierno y poder de Dios en los asuntos diarios de nuestra vida a través de la oración. **Si el hombre no ora, el Reinado de Dios en nuestras circunstancias no llegará**[13].

Cada uno de nosotros es responsable de invitar el gobierno de Dios, Su propósito benévolo, presencia y poder a este mundo.

Quizá te has sentido víctima de las circunstancias, indefenso y desesperanzado. Recuerda que la Biblia declara que los redimidos del Señor tenemos esperanza y somos capaces de esperar la victoria cuando oramos en fe sometiéndonos al Rey.

porque todo el que ha nacido de Dios vence al mundo. Ésta es la victoria que vence al mundo: nuestra fe. ¿Quién es el que vence al mundo sino el que cree que Jesús es el Hijo de Dios?
1 Juan 5:4-5 (NVI)

2. CUANDO DEPENDEMOS

*"El pan nuestro de cada día, **dánoslo** hoy" (v.11)*

"El Pan nuestro", probablemente es una figura retórica que representa nuestra necesidad en general. Jesús mismo dijo que *"No sólo de pan vive el hombre"[14]*. Creo que cuando oramos por nuestro pan diario nos estamos refiriendo a mucho más que únicamente tener alimento para nuestro cuerpo, ya que incluye toda la gama de necesidades para nuestro cuerpo, alma y espíritu.

"dánoslo hoy" es nuestro diario pedir por estas necesidades. Jesús nos enseña en el mismo Sermón del Monte que atendamos las necesidades de hoy, confiando en Él que alimenta y viste a la creación:

> *»Por eso les digo: No se preocupen por su vida, qué comerán o beberán; ni por su cuerpo, cómo se vestirán... Fíjense en las aves del cielo: no siembran ni cosechan ni almacenan en graneros; sin embargo, el Padre celestial las alimenta. ¿No valen ustedes mucho más que ellas?...*
> ***Más bien, busquen primeramente el reino de Dios y su justicia, y todas estas cosas les serán añadidas.***
> *Mateo 6:25-34 (NVI) (Énfasis añadido)*

Jesús nos enseña a buscar a Dios en **"dependencia"** para cada necesidad y cada evento de nuestras vidas. Él proveerá esa necesidad al igual que lo hace con el resto de la creación, pero en nuestro caso entendamos que la disciplina de oración es el canal para obtenerlas.

La interacción es esta, enfoquémonos en buscar el Reino de Dios y Dios se encargará del resto.

LA DIFICULTAD DE DEPENDER:

El depender de otros es algo que nos cuesta mucho trabajo, por lo menos a mí. Prefiero ser independiente, y seguramente, mi orgullo tiene que ver con esto, porque no hay nada que trate más el orgullo del hombre que el depender de alguien más. Sin embargo, el principio de dependencia a Dios es un principio del Reino, ejemplificado por Jesús quien dependió totalmente del Padre, para tener y para actuar. Es frecuente leer en los evangelios acerca de cómo Jesús vivía este principio:

> *no hago nada por mi propia cuenta, sino que hablo*
> *conforme a lo que el Padre me ha enseñado. El*
> *que me envió está conmigo; no me ha dejado*
> *solo, porque siempre hago lo que le agrada.*
> *Juan 8:28-29 (NVI)*

Mientras el mundo nos empuja a tener un pensamiento independiente, que parece decir: *"Entre más autosuficiente, más grande serás"*, Jesús nos dice: *"Depende más y más de Dios, ese es el verdadero camino a la libertad y madurez."*

PONER NUESTRO DÍA EN MANOS DE DIOS:

Al depender cada día de Dios, cualquier obstáculo o enemigo que esté impidiendo que lleguen a nosotros los recursos para atender nuestras necesidades será vencido, inclusive, puede ser que el enemigo seamos nosotros mismos al procrastinar, flojear o dejar que imperen en nuestras vidas otras debilidades. Lo que pedimos es que Dios venza estos obstáculos, y aún que nos venza a nosotros mismos si somos la causa.

Puede ser que esos *enemigos* sean circunstancias fuera de nuestro control, pero al depender de Dios entregamos todo esto a Aquel que tiene todo bajo control, nos refugiamos en Su riqueza y suficiencia para nuestra necesidad.

El poner nuestro día en manos de Dios, dependientes de Su ayuda, nos llevará a ser mejores administradores, en especial con aquellos recursos que no son renovables, como el tiempo. El Señor nos puede ayudar a hacerlo rendir mejor, y no es que alargue los días, pero nos permitirá tener la sabiduría para saber a qué asignar las horas tan preciadas que tenemos en el día, a lo importante y a lo redituable, así como tener mayor impacto y enfoque en lo que hacemos. ¿Puedes ver esto en la vida de Jesús? Hizo en tres años lo que muchos no logran en toda su vida.

"Un día a la vez es como se vive la vida."

3. CUANDO NOS HUMILLAMOS

perdónanos nuestras deudas, **como también** *nosotros perdonamos a nuestros deudores. (v.12)*

"Deudas". Recuerda que se ha traducido del texto en griego de la palabra *Opheilema*[16] que también significa pecado u ofensa. Cada vez que alguien peca u ofende, crea una deuda con el ofendido.

Existen deudas que tenemos con Dios, otras que tenemos con personas a las que hemos lastimado y también existen deudas que otros han adquirido con nosotros al fallarnos. En esta dinámica de la deuda hay tres cosas interesantes:

1. El único que no debe es Dios.
2. La deuda que tenemos con Dios tiene una relación con la deuda que otros tienen con nosotros.
3. Nuestra deuda con Dios siempre será muchísimo mayor, en comparación con la que otros tienen con nosotros, porque al que hemos ofendido es el Santo y Sublime.

Las dos dimensiones de nuestras relaciones (con Dios y con los demás) son inseparables. La manera en que vivo en relación con otros afecta mi relación con Dios, y mi relación con Dios debiera de afectar cómo vivo en relación con otros.

> *Nosotros lo amamos a él, porque él nos amó primero. Si alguno dice: «Yo amo a Dios», pero odia a su hermano, es un mentiroso. Pues el que no ama a su hermano a quien ha visto, ¿cómo puede amar a Dios, a quien no ha visto? Nosotros recibimos de él este mandamiento:*
> **El que ama a Dios, ame también a su hermano.**
> *1 Juan 4:19-21 (Énfasis añadido)*

Podemos decir que el amar a Dios encuentra su expresión en amar a otros, y en "El Padre Nuestro" Jesús nos llama la atención a esto:

> *"perdónanos... **como también**... perdonamos".*

Existe una causa-efecto que encontramos claramente, entre la repercusión que tiene nuestra relación con otros hacia nuestra relación con Dios. Esta relación en dos dimensiones es presentada en repetidas ocasiones por Jesús en los evangelios. Aquí un ejemplo:

> *Por lo tanto, como escogidos de Dios, santos y amados, revístanse de entrañable misericordia, de benignidad, de humildad, de mansedumbre y de paciencia. Sean mutuamente tolerantes. Si alguno tiene una queja contra otro, perdónense de la misma manera que Cristo los perdonó.*
> *Colosenses 3:12-13*

El mundo bíblico, en donde se encuentra escrito El Padre Nuestro, es socio-céntrico, está basado en una vida en comunidad donde encontramos nuestro propósito en sociedad con otros.

Gran parte de nuestra identidad está en nuestras relaciones, las que nos dan alegría y un lugar para amar, dar y pertenecer.

"EL PERDONADO, PERDONA."

Por otro lado, en el mundo individualista y egoísta a nuestro alrededor, se ven las relaciones desde un punto de vista de beneficio propio; los derechos del individuo son sobre los de la comunidad o sociedad. Mi identidad está en mi satisfacción y éxito, las relaciones son en cierta forma "desechables", y esto provoca falta de identidad y pérdida del gozo, lo contrario a lo que se busca.

PECAR O NO PECAR:

Todavía recuerdo mis clases de catequismo de niño donde nos enseñaron que estas deudas, pecados o faltas, pueden ser de dos tipos: el pecado de comisión[a] que son malas cosas que hemos hecho a otros, y el pecado de omisión[b] que son cosas buenas que hemos dejado de hacer a otros.

Es común que pequemos unos con otros, que nos ofendamos unos a otros, que actuemos de mala forma unos con otros y que omitamos hacer lo mejor los unos con los otros. No te preocupes, los tiempos de oración se encargarán de sacar a la luz estas ofensas, las de comisión y las de omisión, no para aplastarnos en condenación sino para que podamos movernos a reparar nuestras relaciones con otros y al mismo tiempo para que la relación más importante que tenemos, que es con Dios, pueda estar de igual forma al día y nuestras oraciones no tengan estorbo.

El pedir perdón, restituir (pagar la deuda), estar a cuentas, reconciliar, confrontar y ser confrontados por el mal que hemos hecho es algo que se encuentra en el centro de la dinámica de la oración.

Me gusta orar siempre con pluma y papel en mano, porque en mis tiempos de oración vienen a mi mente personas con las que debo de

---

[a] Comisión: Acción de cometer.
[b] Omisión: Abstención de hacer o decir.

hablar. En nuestro día de afanes pasan desapercibidas esas ofensas que hemos cometido, pecados de comisión o de omisión; pero en lo secreto de nuestra oración, Su Santo Espíritu pacientemente nos hablará de aquello que estorba. Él nos ama tanto que no callará en cuanto a lo que nos puede traer libertad y quitar estorbos en nuestra vida de oración.

> *Por tanto, les digo: Todo lo que pidan en oración,*
> *crean que lo recibirán, y se les concederá. Y cuando*
> *oren, si tienen algo contra alguien, perdónenlo,*
> *para que también su Padre que está en los cielos les*
> *perdone a ustedes sus ofensas. Porque si ustedes*
> *no perdonan, tampoco su Padre que está en los*
> *cielos les perdonará a ustedes sus ofensas.»*
> Marcos 11:24-26

A través de Sus enseñanzas en los evangelios, Jesús es muy insistente en esta idea de la **causa y efecto** entre perdonar y ser perdonados, y nos muestra que esto es una parte muy importante de nuestra dinámica de oración, **es una pieza clave.**

Si no me muevo en la dimensión del amor de Dios de perdonar y liberar a otros, inevitablemente seré una obstrucción para el crecimiento y fructificación de mi propia vida.[17]

LA CONDICIÓN DEL PERDÓN ES LA CONFESIÓN:

La confesión es una parte clave de nuestra vida de oración, para esto primero tenemos que reconocer –con toda humildad– que hemos fallado. Todos nosotros hemos pecado. La idea básica de pecado es haber fallado la marca, no hemos podido cumplir en todas las áreas de nuestra vida los estándares que Dios espera de nosotros.

> **"PODEMOS ARRIESGARNOS A SER HONESTOS CON DIOS, ÉL ES UN DIOS DE GRACIA."**

Al confesar nuestros pecados, la gracia de Dios abunda. La confesión es una proclamación de nuestra confianza en la bondad de Dios, una confianza en Su gracia.

Podemos humildemente aproximar a Dios en nuestra oración y decirle: *"Padre, sé propicio a mí, pecador"*[18].

"DIOS ES CONFIABLE, ÉL PERDONARÁ AL QUE SE ARREPIENTA."

perdónanos nuestras deudas[19], es uno de los momentos cruciales de nuestro platicar con Dios, el peso de la culpa nos ancla en nuestras circunstancias, el mal que ha habitado nuestros corazones y pensamientos nos estorba de alcanzar lo que está hacia adelante.

¿Si tan sólo nos acercamos y confesamos con un corazón sincero nuestras limitaciones?

¿Si tan sólo dejamos que Su santidad nos confronte y Su gracia nos conforte?

¿Si tan sólo contempláramos el precio que costó nuestro perdón?

¿Si tan sólo fuéramos sensibles al amor que nos anhela cerca, limpios, libres, alegres, seguros?

Diríamos más seguido, más seguros, más arrepentidos: ***"Perdóname Padre, hay una deuda que me quita la paz, y es una deuda contigo."***

4. CUANDO SOMOS ENSEÑABLES

*"Y no nos metas en tentación... **mas...** líbranos del mal." (v.13)*

Nuevamente Jesús nos presenta una causa y efecto en esta declaración; donde la causa es el tiempo de prueba y el efecto es ser rescatado o librado del mal o de lo malo.

En el criar a los hijos he aprendido que se requiere tener diversas herramientas para lograr un entendimiento hacia un comportamiento correcto, estas herramientas que un padre tiene pueden ser las consecuencias, los refuerzos o la disciplina, y deben de ser usadas de acuerdo a la situación y a la madurez de los hijos.

Este comportamiento correcto que requerimos como sus Padres es por su beneficio y provecho más que por nuestro propio interés.

Despreciar la disciplina es no apreciarse uno mismo;
obedecer la corrección es poseer entendimiento.
Proverbios 15:32

Recuerda, estamos orando a nuestro Padre en los Cielos que está interesado en que entendamos y logremos igualmente un correcto comportamiento en nuestras vidas para nuestro solo beneficio y provecho. Y para esto, tiene a su disposición herramientas que nos ayudarán a lograr entendimiento y sabiduría. Mira qué puntual nos lo expresa el autor del libro de Hebreos:

porque el Señor disciplina al que ama, y azota a
todo el que recibe como hijo... claro que ninguna
disciplina nos pone alegres al momento de recibirla,
sino más bien tristes; pero después de ser ejercitados
en ella, nos produce un fruto apacible de justicia.
Hebreos 12:6 y 11

El tener un hijo entendido es el deseo de todo Padre, el tener un Padre que camine en la Gracia y Verdad es el deseo de todo hijo, y cuando se encuentran el Padre firme y amoroso con el hijo entendido y dispuesto, ¡grandes cosas suceden!

El entendido ve el mal y se esconde;
Mas los necios pasan y reciben el daño.
Proverbios 22:3 (Parafraseado)

¿Eres un hijo entendido? ¿Cómo saber si lo eres o no? ¿Tendrá que ver con las pruebas que tienes o has tenido y con el aprendizaje que te han dejado? Te diré algo que aprendí de forma cruda durante mis épocas de estudiante de secundaria, **un examen o una prueba se tiene que repetir hasta que el estudiante la apruebe.**

El que camina sin caer en el mal, es alguien que ha aprendido y alcanzado la sabiduría necesaria para esto. El principio de toda sabiduría es el temor a Dios[20], es decir, un respeto reverente por todo lo que Él es y representa.

Entonces comprenderás el temor del SEÑOR y hallarás el conocimiento de Dios. Porque el SEÑOR da la sabiduría; conocimiento y ciencia brotan de sus labios. Él reserva su ayuda para la gente íntegra y protege a los de conducta intachable. Él cuida el sendero de los justos y protege el camino de sus fieles.
Proverbios 2:5-8 (NVI)

UNA ORACIÓN A DIOS:

Amado Padre, sé y reconozco que no he sido perfecto con la gente que has puesto alrededor de mí, he herido y me han herido. Mis heridas están en tus manos, pero las heridas que yo he causado me apenan mucho, no sé exactamente cómo poder restituir el daño que he causado, pero Tú has dicho que si estamos faltos de sabiduría la pidamos a ti y Tú la darás abundantemente[21]. Padre, dame de Tu sabiduría para saber caminar bien con aquellos con los que tengo deudas, ayúdame a ser humilde para reconocer mis faltas.

Y Padre, quiero pedirte perdón por mis ofensas, sé que he sido descuidado en mis acciones y no estoy orgulloso de ello, me arrepiento. Deseo dejar atrás ese mal comportamiento, necesito tu ayuda para librarme de ese hábito que me domina, no encuentro otra forma mas que depender de ti. Necesito tu consejo, no dejes de hablarme de ese asunto, quiero ser un hijo entendido, un hijo cambiado por tu disciplina, hoy la recibo con alegría.

Padre, Tú has dicho que busquemos primeramente Tu Reino, Tu Justicia[22] y que Tú darás la oportunidad de que suplamos nuestras necesidades. Tú sabes que mi corazón vibra por Ti, mi intención es buscar Tu voluntad y obedecerla. Si te parece, mientras descanso en Tu provisión para mi vida, mi enfoque será buscar más escuchar Tu voz y mi meta será obedecerla a detalle. Hoy te digo, estoy sometido a Ti y eso me da alegría y seguridad.

[1] Salmos 24:1
[2] Mateo 6:26
[3] Mateo 6:12
[4] Mateo 6:26
[5] Mateo 5:23
[6] Mateo 7:2
[7] Mateo 18:9
[8] Juan 10:10
[9] Juan 3:3-5
[10] Mateo 28:19, Hechos 1:8
[11] Hayford, Spirit, 211
[12] Juan 6:68
[13] Hayford, Spirit, 207.
[14] Mateo 4:4
[15] Hayford. Spirit, 214.
[16] Hebrew-Greek, 1862.
[17] Hayford, Spirit, 218
[18] Lucas 18:13
[19] Mateo 6.12
[20] Proverbios 9.10
[21] Santiago 1.5
[22] Mateo 6:33

EL TONO DE NUESTRA ORACIÓN

PADRE NUESTRO·

PADRE NUESTRO·

Ilustración: El Padre Nuestro (v.9-13)

a. Nuestro papel

b. El papel de Dios

c. Nuestra interacción con Dios

d. El tono de nuestra oración

TONO

Relación
emocional

⁹ Por eso, ustedes deben orar así:

Padre nuestro, que estás en los cielos, santificado sea tu nombre.

¹⁰ Venga tu reino.

Hágase tu voluntad, en la tierra como en el cielo.

¹¹ El pan nuestro de cada día, dánoslo hoy.

¹² Perdónanos nuestras deudas, como también

nosotros perdonamos a nuestros deudores.

¹³ No nos metas en tentación, sino líbranos del mal;

porque tuyo es el reino, el poder, y la gloria,

por todos los siglos.

Amén.

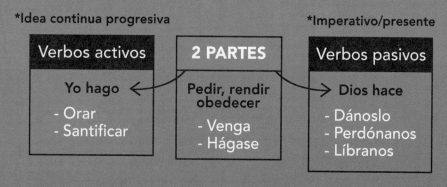

*Idea continua progresiva

*Imperativo/presente

Verbos activos	2 PARTES	Verbos pasivos
Yo hago	Pedir, rendir obedecer	Dios hace
- Orar - Santificar	- Venga - Hágase	- Dánoslo - Perdónanos - Líbranos

TONO

Cercano, reverencia, sometimiento, confianza, urgencia,
esperanza, seguridad, dependencia, amor, fortaleza, victoria

INTRODUCCIÓN

En las relaciones interpersonales el tono es muy importante. Seguramente, cuando estás frente a una conversación significativa meditas qué palabras usar para reflejar tu estado de ánimo; o al tratar un asunto de importancia, tu postura dice mucho de cómo te sientes al respecto; o notas que reflejaste tus sentimientos al hablar o escribir a alguien. Esto es lo que llamamos *el tono* en la comunicación.

Con tono me refiero al modo particular de decir algo según la intención o estado de ánimo que se tiene o que se quiere reflejar, ya sea al hablar o al escribir. El tono refleja sentimientos, actitudes e intenciones.

¡Cómo me hubiera gustado escuchar y ver a Jesús orar el Padre Nuestro! Saber qué tono de voz usaba al declarar *"venga tu Reino"*, o qué posición tendrían sus manos al pedir el diario pan. ¿Sus ojos estarían viendo al cielo cuando declaró *"Porque tuyo es el reino"*?, ¿qué tono le impregnaba al platicar con el Padre en este modelo de oración?

Estoy seguro que si ponemos atención, podemos descubrir mucho del tono que Jesús quiere que usemos al relacionarnos con el Padre en este patrón de conversación.

Desde el comienzo de El Padre Nuestro, podemos notar que Jesús usa un tono emocional. La manera en que dirigimos nuestra oración a Dios como Nuestro Padre nos da un sentido de relación y cercanía.

Decíamos que la Biblia es un libro de relaciones, donde encontramos revelado a un Dios cercano que nos ayuda, enseña y nos guía para poder vivir cara a cara con Él, un Dios que quiere una relación, una interacción y una familia. Un Dios que se ha revelado con la sola intención de relacionarse, de atraernos a Él, de escuchar y ser escuchado.

Al estar reflexionando sobre El Padre Nuestro en los capítulos anteriores, seguro has notado la **cercanía** de esta interacción, la **transparencia** de esta comunicación y al mismo tiempo notas la **reverencia** con la que debemos de aproximar a nuestro Dios Creador.

1. Venimos en un sentir humilde ante Él que es Rey y Señor y al mismo tiempo en confianza porque es Nuestro Padre.

2. Venimos con esperanza a pedir atrevidamente en una completa dependencia a Él.

3. Venimos con seguridad a buscar Su Fortaleza y depender de Su Victoria y Amor por nosotros.

ENTENDIENDO EL TONO DE LA ACCIÓN EN NUESTRA ORACIÓN

Un verbo es una palabra que tiene que ver con hacer, ser y sentir. Podemos ver que hay tres tipos de verbos usados en la oración de El Padre Nuestro.

I. Los verbos activos, que muestran las cosas que **nosotros** hacemos en El Padre Nuestro.

> a. *"Oren"*: Debemos de orar activamente a nuestro Padre, es nuestra tarea y privilegio.

> b. *"Santificado"*: Nuestra adoración durante la oración está activa, nuestro tiempo de oración debe de comenzar y concluir con adoración a nuestro Dios.

II. Los verbos pasivos, que muestran una acción que **alguien más** hace por nosotros, en este caso es Dios.

> a. *"Dánoslo"*: Dios da como respuesta de nuestro pedir.
> b. *"Perdónanos"*: Dios perdona como respuesta de nuestro arrepentimiento.
> c. *"Líbranos"*: Dios libra como respuesta de nuestra sumisión y aprendizaje.

III. Y hay verbos que contienen las dos partes, en donde Dios y nosotros estamos involucrados:

> a. *"**Venga** tu reino"*, *"**Hágase** tu voluntad"*: nosotros hacemos una invitación y Él responde; nosotros nos sometemos a Su voluntad y Él nos hace saber Su voluntad.

> b. Nuestra parte es el pedir, someternos y obedecer; Su parte es ofrecer, visitar y establecer.

ANALIZANDO EL TONO

Cuando estamos de viaje en familia, rodeados de multitud de gente desconocida y nos tocan largas esperas, una actividad divertida que nos gusta hacer para pasar el tiempo es tratar de descifrar cuál es la relación entre la gente que está a nuestro alrededor. Muchas veces, con sólo notar la postura que mantienen entre sí es rápidamente revelada la pareja de novios o recién casados, a diferencia de los matrimonios veteranos que tristemente se mantienen más separados. Se nota quién es el padre de un niño pequeño que corre y juega, porque su padre está pendiente de él, interactuando constantemente; comparándolo con el padre de un joven mayor en que el primero está más relajado y cada uno metido en su propia actividad. Es curioso observar la relación entre unos compañeros de trabajo o quizá de algún equipo deportivo, y poder detectar quién es el de mayor jerarquía de acuerdo a su tono de voz, a cómo le ceden el paso o lo voltean a ver antes de moverse. No siempre acertamos, pero aprendemos mucho al verlos, porque el tono que los seres humanos mantenemos en nuestras relaciones revela quiénes somos, de acuerdo a con quién estamos y qué tan sana y armoniosa está nuestra relación con esa persona.

Si alguien nos escuchara platicar con nuestro Padre en los cielos:
¿Qué opinaría de nuestro tono de conversación?
¿Qué evaluación haría de nuestra relación?
Diría: *¿He ahí un hijo con un Padre distante?*
¿Quedaría cautivado por nuestra cercanía y confianza?
¿O le daría tristeza al ver qué "secos" somos con el Dios de amor?

El tono de nuestra oración según el modelo del Padre Nuestro tiene desde su diseño un tono de:

UN TONO DE AMOR:

"Padre..." El hombre debe de amar a Dios en respuesta al amor que Él nos ha dado. Por su eternidad, sabiduría y misericordia es que Él nos ha amado primero[1], es por eso que nuestro amor es y será siempre una respuesta al suyo.

No le podemos ganar a Dios en cuanto al tema del amor, aun la Biblia define a Dios de esta manera: *"Dios es amor"*[2]. Lo que sí podemos hacer es corresponder a este amor generoso de nuestro Padre en los cielos.

Nuestra oración al Padre es un amor que habla, que alaba, que pide y que escucha.

Las conversaciones de dos enamorados son de las más hermosas y profundas, porque hay una esperada fidelidad en comunicar sólo lo honesto, lo puro, lo verdadero. En nuestra comunicación con el Padre de los cielos Él ya ha demostrado que está perdidamente enamorado de ti, lo ha demostrado en Cristo Jesús, Él es el amor del Padre para nosotros:

> *En esto se mostró el amor de Dios para con*
> *nosotros, en que Dios envió a su Hijo unigénito*
> *al mundo, para que vivamos por él.*
> *1 Juan 4:9*

La pregunta es ¿qué tan enamorado estás tú de tu Padre en los Cielos? ¿Lo transmites en tus oraciones? Jesús nos dijo: *Amarás al Señor tu Dios con todo tu corazón, y con toda tu alma, y con toda tu mente*[3]. Y yo creo que este amor sin duda se deberá notar en el tono de nuestras conversaciones con Él.

NUESTRA ORACIÓN AL PADRE ES UN AMOR QUE HABLA, QUE ALABA, QUE PIDE Y QUE ESCUCHA.

UN TONO DE CERCANÍA:

"...nuestro". Si mi hijo se aproximara a mí e iniciara su conversación diciendo, *"Padre, pido permiso para acercarme a ti y comentar brevemente una humilde petición que deseo transmitir a su excelentísimo y honrado ser..."* yo le diría *"¿qué te pasa?".* Normalmente ellos se acercan a mí y me dicen con confianza *"Paps"*, frecuentemente me toman el brazo, o se recuestan junto a mí, o hasta me saltan a la espalda. Lo más hermoso es cuando mi hija me abre sus brazos los cuales yo no puedo resistir para darle un abrazo de padre. Mi corazón se derrite cuando ellos se acercan, sin mucho protocolo, sólo buscando esa cercanía.

Creo que éste es el tono que nuestra oración debe de tener, de confianza -y no me estoy contradiciendo- porque sí debemos de estar conscientes que a quien nos estamos acercando es al Dios Creador Todopoderoso, y hay que hacerlo con toda honra y respeto, pero la clave es saber **con qué corazón es que se nos escucha.**

Por tanto, acerquémonos confiadamente al trono de la gracia, para alcanzar misericordia y hallar gracia para cuando necesitemos ayuda.
Hebreos 4:16

UN TONO DE REVERENCIA:

"Santificado sea tu nombre". Aunque el tono de nuestra oración debe de ser uno de cercanía, necesitamos mantener un balance al no olvidar con quién estamos conversando, ¡Él es el Dios del Universo!

En una ocasión, al estar enseñando Jesús sobre los malos líderes, nos dice que no les temamos a ellos y nos enseña a quién en verdad debemos temer. Aquí las palabras de Jesús:

Amigos míos, yo les digo a ustedes que no deben temer a los que matan el cuerpo, pero más de eso no pueden hacer después. Yo les voy a enseñar a quién deben temer: Teman a aquel que, después de quitar la vida, tiene el poder de arrojarlos en el infierno. Sí, a él ténganle miedo.
Lucas 12:4-5

-Temer a Dios- es el consejo de Jesús. Éste es un concepto muy profundo que debemos de entender como un temor reverencial y respetuoso[4], el cual un cristiano debe de aplicar en el tono de su relación con el que tiene poder para salvar o para consumir.

> *Así que nosotros, que hemos recibido un reino inconmovible, debemos ser agradecidos y, con esa misma gratitud, servir a Dios y **agradarle con temor y reverencia.** Porque nuestro Dios es un fuego que todo lo consume.*
> Hebreos 12:28-29 (énfasis añadido)

En el Antiguo Testamento se nos enseña que -*el principio de la sabiduría es el temor del Señor-;*[5] aquí hay una llave que debemos de entender, porque **sí** queremos esa sabiduría en nuestra vida de oración.

> *Vengan, hijos míos, y escúchenme, que voy a enseñarles el temor del SEÑOR.*
> Salmo 34:11 (NVI)

Y quizá preguntas ¿cómo? ¿temer a Dios? Pero si ahora lo conozco como un Padre bueno, cercano y pendiente, ¿cómo temerle? El concepto de temor del que estamos hablando no es un miedo que te haga huir, alejarte y distanciarte, es un temor que más bien nos hace maravillarnos, sorprendernos, reverenciarlo y anhelar más estar bajo Su protección al asombrarnos de Su grandeza.

Temer a Dios no es un miedo que acobarde, más bien, es uno que nos lleva a movernos hacia adelante y vencer al saber quién es nuestro Padre en los Cielos. Cuando no temes a Dios tendrás muchos temores, pero cuando "temes a Dios" vencerás todos tus miedos.

Temer a Dios significa mostrarle un profundo respeto y honrarle siempre. La verdadera reverencia no es el respeto fingido, es una actitud humilde acompañada de una adoración genuina.[6]

Entendamos que no le estamos hablando a un igual, Él es *Santo, Santo, Santo*[7], y debe de maravillarnos el que podamos siquiera tener una comunicación con Él y seguir vivos.

¿Quién como tú, santo y magnífico,
que realizas maravillosas hazañas y llevas
a cabo sorprendentes prodigios?
Éxodo 15:11

Creo que sí podemos correr a Él con confianza cada mañana, como a un Padre que nos espera con los brazos abiertos, pero no perdamos de vista que logramos hacerlo por Su misericordia, gracia y paciencia con nosotros. Te doy un consejo: **Teme al Señor, y nada te faltará.**

Ustedes, sus fieles, teman al Señor,
pues a quienes le temen nunca les falta nada.
Salmos 34:9

UN TONO DE SOMETIMIENTO:

"venga tu Reino". El someterse literalmente significa -meterse debajo-[8], es el aceptar la autoridad o la voluntad de otra persona, en este caso de Dios, sin oponer resistencia.[9]

En nuestra oración es una acción voluntaria de colocarse uno mismo bajo la autoridad de Dios mostrándole respeto y obediencia.[10]

Es interesante que tanto el apóstol Pedro como Santiago nos dan una recomendación similar en este tema para nuestra vida de oración;

Santiago nos dice: *Dios se opone a los soberbios, y da gracia a los humildes. Por lo tanto, sométanse a Dios; opongan resistencia al diablo, y él huirá de ustedes. Acérquense a Dios, y él se acercará a ustedes.* Santiago 4:6-8

Pedro nos recomienda: *Muestren humildad bajo la poderosa mano de Dios, para que él los exalte a su debido tiempo. Descarguen en él todas sus angustias, porque él tiene cuidado de ustedes. 1 Pedro 5:6-7*

La recomendación es someternos humildemente bajo la poderosa mano de Dios, acercarnos a Él, resistiendo el espíritu de soberbia que tiende a alejarnos de Dios al hacernos pensar equivocadamente que no necesitamos Su cercanía ni todo lo que Él tiene para nosotros.

De la humildad brota naturalmente la *sumisión;* de la sumisión, el *arrepentimiento* sincero; del arrepentimiento, la total *dedicación* a Dios[11] y claro, un sincero *"Venga tu reino, Hágase tu voluntad."*

UN TONO DE CONFIANZA:

"Hágase Tu voluntad". Junto con el tono de sometimiento viene uno de total confianza. Al orar, estamos acercándonos confiadamente al trono de Dios, para alcanzar misericordia y hallar gracia[12], la cual necesitamos y necesitaremos siempre.

El apóstol Juan lo expresa claramente:

> *Y esta es la confianza que tenemos en él, que, si pedimos alguna cosa conforme a su voluntad, él nos oye. Y si sabemos que él nos oye en cualquiera cosa que pidamos, sabemos que tenemos las peticiones que le hayamos hecho.*
> *1 Juan 5:14-15*

Creo que sabiendo que Su voluntad es *buena, agradable y perfecta*[13], es más sencillo decir *"Hágase tu voluntad"*, y levantar una oración confiando plenamente en Él. Sabiendo que al confiar tendremos grandes recompensas, seremos exaltados[14], prosperados[15], protegidos[16], y guardados en completa paz[17].

> *Confía en el Señor de todo corazón, y no te apoyes en tu propia prudencia. Reconócelo en todos tus caminos, y él enderezará tus sendas.*
> *Proverbios 3:5-6*

UN TONO DE URGENCIA:

"dánoslo hoy". No sé si para ti, pero para mí una necesidad siempre es urgente, en especial si estamos hablando de comida. Aquí vemos que el tono de nuestra oración en el punto de pedir por necesidades propias y de otros debe de ser de forma puntual y específica, insistiendo que requerimos una acción o atención inmediata, es decir urgente. No en un sentido de reclamo, más bien de ruego.

> *Yo soy pobre y estoy necesitado **¡ven pronto a mí**, oh Dios! Tú eres mi socorro y mi libertador;*
> ***¡no te demores, SEÑOR!***
> *Salmos 70:5 (NVI) (énfasis añadido)*

Nota en la siguiente exhortación del apóstol Pablo la variedad de términos que él usa para referirse a nuestra comunicación con Dios -nuestra oración-. Esta diversidad de términos nos sirve para darnos cuenta de la riqueza de este ejercicio espiritual.[18]

> *Exhorto, ante todo, a que se hagan **rogativas, oraciones, peticiones y acciones de gracias,** por todos los hombres;*
> *1 Timoteo 2:1 (énfasis añadido)*

Es claro ver que la petición de Pablo tiene un tono de urgencia en un doble sentido: **Primero**, en que nosotros hagamos estas rogativas, oraciones, peticiones y acciones de gracias, porque existe una necesidad que aprieta a propios y a extraños, y **segundo**, en que necesitamos que este ruego sea atendido por Dios, recordando que:

> *No se inquieten por nada; más bien, en toda ocasión, con **oración y ruego,** presenten sus peticiones a Dios y denle gracias.*
> *Filipenses 4:6 (NVI) (énfasis añadido)*

Junto con la palabra **oración** se resalta la palabra **ruego** que está más relacionada con pedir durante la necesidad, *es una petición **urgente, apremiante, inaplazable.***

Debido a que es Omnisciente, el Señor no necesita ser informado de nuestros requerimientos, pero a Él le agrada que declaremos en forma específica lo que necesitamos, pues así mostramos nuestra impotencia y a la vez nuestra dependencia de él. Cuando Jesús llamó al ciego Bartimeo que con **urgencia** clamaba por misericordia[19], le preguntó: "¿Qué quieres que te haga?"[20] Su pregunta no era por falta de conocimiento de lo que aquel hombre necesitaba, pues era obvio que el **ciego Bartimeo** necesitaba ser sanado de su ceguera. Lo que deseaba Jesús era escuchar la declaración que manifestara que él no podía hacer nada por sí mismo y reconociera que solamente la mano poderosa del Señor podía responder a su necesidad.[21]

> *y Jesús le preguntó: «¿Qué quieres que haga por ti?» El ciego le respondió: «Maestro, quiero recobrar la vista.» Jesús le dijo: «Vete, tu fe te ha salvado.» Y enseguida el ciego recobró la vista, y siguió a Jesús en el camino.*
> *Marcos 10:51-52*

Nuestras oraciones no deben ser vagas o ambiguas, como orar *"por el hambre en el mundo"*, que en sí es una buena intención, pero a Él le agrada que lo hagamos en forma más específica. Por ejemplo; *"Señor, te pedimos por la situación de la familia García que está pasando tiempos difíciles en su economía, que tienen necesidades definidas como el sostén, trabajo y deudas. Y que requieren dirección para saber qué camino seguir en el negocio"*. **Pedir por estas cosas es presentar nuestras peticiones en oración y ruego; es solicitar en forma particular, urgente y directa lo que necesitamos.**[22]

Nuestra oración debe de ser específica y para eso es bueno decir para cuándo es que lo necesitamos.
Dios, ¿qué te parece... hoy?

El apóstol Pablo nos dice que podemos presentar todas y cada una de nuestras necesidades a Dios en oración. Porque no hay nada demasiado grande para el poder de Dios, y nada demasiado pequeño para Su cuidado paternal. Un hijo puede llevar cualquier cosa grande o pequeña a su padre, seguro de que cualquier cosa que le esté sucediendo será de interés para él, tanto sus pequeños triunfos como sus decepciones, sus heridas y raspones. De igual forma, podemos llevar todo a Dios seguros de Su interés y atención. **Nuestra urgencia es Su urgencia.**

> *sean ustedes plenamente capaces de comprender...*
> *ese amor, que excede a todo conocimiento, para*
> *que sean llenos de toda la plenitud de Dios. Y a*
> *Aquel que es poderoso para hacer que todas las*
> *cosas excedan a lo que pedimos o entendemos,*
> *según el poder que actúa en nosotros, a él sea dada*
> *la gloria en la iglesia en Cristo Jesús por todas las*
> *generaciones, por los siglos de los siglos. Amén.*
> *Efesios 3:18-21*

PORQUE NO HAY NADA DEMASIADO GRANDE PARA EL PODER DE DIOS, Y NADA DEMASIADO PEQUEÑO PARA SU CUIDADO PATERNAL.

UN TONO DE ESPERANZA:

"Perdónanos nuestras deudas". Como diariamente necesitamos el pan material, también en forma diaria necesitamos la limpieza espiritual y este perdón que pedimos que Dios como Padre nos dé. Lo hacemos porque sabemos que Él está interesado en perdonar nuestros pecados, y es el único que puede hacerlo en los méritos de Cristo.[23]

Éste es el tono de esperanza que debemos de impregnar en nuestras oraciones, sabiendo que hay un bien futuro en cuanto a nuestra relación con Dios, una certeza de lo que esperamos[24], como ese perdón que necesitamos de nuestras deudas, las pasadas, las presentes y siendo realistas, las futuras.

Hay esperanza cuando nos acercamos al Padre como hijos arrepentidos, sabiendo que el perdón que recibiremos no sólo es la remoción de la mancha del pecado de nuestro corazón, no sólo es el que la ira de Dios sea quitada por haber nosotros participado del mal o que sea retirada la culpabilidad de estar lejos de Su amor. El perdón también incluye la remoción en la misma mente de Dios de ese desagrado hacia nosotros por los pecados que hemos cometido. De hecho, Él borra de su libro todo aquello que había sido escrito en contra nuestra por nuestra falta.[25]

¡Esto es perdón! Y es gracias a la cruz de Cristo. ¡Esto es esperanza! Porque el Señor Jesucristo es… nuestra esperanza. [26]

Nuestra esperanza se basa en las posibilidades de Dios. La esperanza cristiana, por tanto, provoca un pensamiento crítico sobre el pasado y el presente y ve hacia adelante aferrándose a la promesa divina;[27]

> *Vengan ahora, y pongamos las cosas en claro.*
> *Si sus pecados son como la grana, se pondrán*
> *blancos como la nieve. Si son rojos como el*
> *carmesí, se pondrán blancos como la lana.*
> *Isaías 1:18*

UN TONO DE DEPENDENCIA:

"No nos metas en tentación". Al orar estamos expresando nuestra confianza en Dios por Su ayuda en las necesidades físicas y espirituales. Esta dependencia viene de una conciencia de nuestra impotencia para solucionar y evitar los problemas.

Al orar *"No nos metas en tentación"* estamos enfatizando la vulnerabilidad en la que nos encontramos y consecuentemente la dependencia en Dios para evitar la prueba, el problema y el pecado.

Jesús les dijo a sus discípulos que tendrían que enfrentar situaciones difíciles que se resolverían únicamente a través de la oración.

Pero este género no sale sino con oración y ayuno.
Mateo 17:21

Porque la oración es la llave que destraba la fe en nuestras vidas. La oración eficaz requiere de un tono de completa dependencia. La oración demuestra nuestra confianza en Dios cuando con humildad le invitamos a que nos llene de Su poder.

No hay sustituto para la oración[28], sobre todo en circunstancias que están fuera de nuestra capacidad para resolver, las cuales sinceramente son más de las que quisiéramos reconocer.

Que las palabras de mi boca y la meditación de mi corazón
sean de tu agrado, oh SEÑOR, mi roca y mi redentor.
Salmos 19:14 (NTV)

UN TONO DE SEGURIDAD:

"líbranos del mal". El creyente que conoce su relación con el Padre tiene una plena certidumbre en Dios, porque somos asegurados de su infalible amor a través de nuestra relación con Él.

Nuestra dependencia de Dios y esperanza en Sus promesas resulta en un atrevimiento y estabilidad en nuestro vivir frente a las dificultades[29].

El apóstol Pablo expresa este tono de seguridad al terminar una de sus cartas de la siguiente forma:

*Y el Señor **me librará** de toda obra mala, y **me preservará***
para su reino celestial.
A él sea gloria por los siglos de los siglos. Amén.
2 Timoteo 4:18 (énfasis añadido)

Nuestra oración es una declaración de seguridad, porque sabemos que el Altísimo y Omnipotente Dios está pendiente de nuestro cuidado.

Los que viven al amparo del Altísimo encontrarán
descanso a la sombra del Todopoderoso. Declaro lo
siguiente acerca del SEÑOR: Solo él es mi refugio,
mi lugar seguro; él es mi Dios y en él confío.
Te rescatará de toda trampa y te protegerá de
enfermedades mortales. Con sus plumas te
cubrirá y con sus alas te dará refugio. Sus fieles
promesas son tu armadura y tu protección.
Salmo 91:1-4 (NTV)

NUESTRA DEPENDENCIA DE DIOS Y ESPERANZA EN SUS PROMESAS RESULTA EN UN ATREVIMIENTO Y ESTABILIDAD EN NUESTRO VIVIR FRENTE A LAS DIFICULTADES. [30]

UN TONO DE ADORACIÓN Y VICTORIA:
"porque tuyo es el Reino y el poder y la gloria por todos los siglos."

Esta oración modelo concluye con una muy hermosa expresión de alabanza. Esta doxología[a] recoge la verdad bíblica de que el Señorío de Dios es universal, pues incluye todos los reinos del mundo; y también a Él pertenece todo el poder, y por eso es que al final del día y de cada día y por todos los siglos, toda la gloria es del Señor.[31]

¿No crees que es completamente apropiado que nosotros, los suplicantes, habiendo concluido nuestras humildes peticiones, elevemos otra vez nuestros ojos (como al principio de la oración) en adoración, concentrando corazón y mente en la majestad y amor de Dios, que constituye la base de nuestra confianza en que la oración será contestada?[32]

---

[a] Doxología: Manifestación de alabanza y enaltecimiento a Dios mediante expresiones de exaltación como ¡Alabado sea Dios! O ¡Aleluya!. (De Andrade. p. 131).

Las palabras finales de El Padre Nuestro nos enseñan **que nuestra oración tiene un tono de victoria declarando el triunfo de Dios sobre el diablo, el pecado y la muerte.** Es una declaración del gobierno de Dios en nuestra vida aquí y ahora.[33]

> *Tuya es, Señor, la magnificencia y el poder, la gloria, la victoria y el honor; pues tuyas son todas las cosas que están en los cielos y en la tierra. Tuyo es, Señor, el reino. ¡Tú eres excelso sobre todas las cosas! De ti proceden las riquezas y la gloria. Tú dominas sobre todo. En tu mano están la fuerza y el poder, y en tu mano también está el engrandecer y el dar poder a todos.*
> *1 Crónicas 29:11-12*

"Porque tuyo es el reino" es una declaración relacionada a cada una de las peticiones precedentes:

"Santificado sea tu nombre... porque tuyo es el reino", esto es, "por cuanto es Tu derecho soberano, que Tu nombre sea santificado".

"Venga tu reino... porque tuyo es el reino", esto es, "porque es justo que sea reconocida reverentemente Tu autoridad divina sobre corazones y vidas".

"Hágase tu voluntad... porque tuyo es el reino", esto es, "por cuanto Tú eres Rey, Tu voluntad debiera ser obedecida por nosotros y por todos".

Y así sucesivamente a través del resto de la oración.[34]

"Porque tuyo es... el Poder" Se reconoce no solamente el derecho del Padre de conceder las peticiones, puesto que es Rey sobre todo, sino también su poder para hacerlo, y esto también es básico para cada una de las peticiones precedentes. Quienes pronuncian esta oración reconocen que todo poder le pertenece al Padre, no solamente el poder sobre todo el universo y cuanto contiene, sino aun el poder que reside *dentro* de todo: en el sol

para brillar, en los vientos para soplar, en los ríos para fluir, en las plantas para crecer.[35]

"Porque tuya es... la Gloria" Finalmente, puesto que todas las virtudes de Dios se reflejan en Su obra de la creación y la redención, en cada una conforme a Su propia naturaleza, los hijos de este Padre celestial, quienes están profundamente impresionados con las manifestaciones de Su poder, sabiduría y bondad, añaden: *"y la Gloria"*, atribuyendo con gozo estas tres cosas -el reino, el poder y la gloria- al Padre, no solamente ahora sino por todos los siglos "por siempre".

Proclamemos como dicen los ángeles y todo lo creado que está en el cielo y sobre la tierra[36]:

> *Al que está sentado en el trono, y al Cordero,*
> *sea la alabanza, la honra, la gloria y el*
> *poder, por los siglos de los siglos.*
> *Apocalipsis 5:13*

UNA ORACIÓN A DIOS:

Padre, entiendo que la gloria es tuya, en todo lo que hay y veo, aun yo fui creado para Tu gloria.
Señor, reconozco que yo estoy vacío, pero me alegra saber que Tú estás lleno.
Estoy hambriento, pero Tú eres el Pan del cielo que sacia mi vida.
Estoy sediento, pero Tú eres la Fuente de vida a la cual recurro para saciarla.
Yo soy débil, pero Tú eres fuerte en cada situación.
Soy pobre, pero Tú eres rico sin límites.

Soy ingenuo, pero Tú eres sabio, todos tus consejos son con pleno conocimiento.

Señor, estoy roto, pero Tú estás completo y eres el Dios que me compone.

Dios y Padre, que la satisfacción que encuentro cada día en ti, te glorifique siempre.

[1] 1 Juan 4:19
[2] 1 Juan 4:16
[3] Mateo 22:37
[4] Cayuela.
[5] Proverbios 9:10
[6] Biblia del diario vivir (Sal 34:9)
[7] Isaías 6:3
[8] Cevallos. (p. 260).
[9] Cayuela.
[10] Kistemaker. (p.167)
[11] Henry, (p.1835).
[12] Hebreos 4:16
[13] Romanos 12:2
[14] Proverbios 29:25
[15] Proverbios 28:25
[16] Proverbios 30:5
[17] Isaías 26.3
[18] Guthrie. (Vol. 14, p.84)
[19] Marcos 10: 48
[20] Marcos 10:51
[21] Zapata. (p.151)
[22] Zapata. (p.151–152)
[23] Barclay. (p.90)
[24] Hebreos 11:1
[25] Jamieson. (Vol. 2, p.26)
[26] 1 Timoteo 1.1
[27] Nelson,
[28] Biblia del diario vivir (Mr 9:29)
[29] Manser,
[30] Manser,
[31] Ríos. (p. 91)
[32] Hendriksen. (p.354)
[33] Freeman. (p.415)
[34] Hendriksen. (p.354)
[35] Hendriksen. (p.354–355)
[36] Apocalipsis 5:11-13

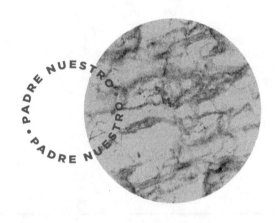

PADRE NUESTRO • PADRE NUESTRO

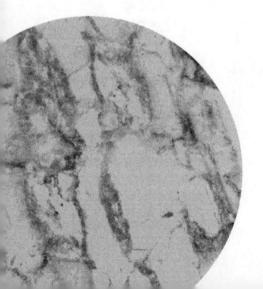

CAPÍTULO DIEZ

DIOS RECOMPENSA A QUIENES LO BUSCAN

PADRE NUESTRO · PADRE NUESTRO ·

Perdón y Ayuno

1. Instrucciones para perdonar a otros (v.14-15)

2. Introducción al ayuno

   2.1 Cómo NO ayunar

      a. No como los hipócritas-ostentosamente, buscando la aprobación de otros (v.16)

   2.2 Cómo ayunar

      b. En secreto. (v.17-18)

¹⁴ Si ustedes perdonan a los otros sus ofensas, también su Padre celestial los perdonará a ustedes.

¹⁵ Pero si ustedes no perdonan a los otros sus ofensas, tampoco el Padre de ustedes les perdonará sus ofensas.

¹⁶ Cuando ustedes ayunen, no se muestren afligidos, como los hipócritas, porque ellos demudan su rostro para mostrar a la gente que están ayunando; de cierto les digo que ya se han ganado su recompensa.

¹⁷ Pero tú, cuando ayunes, perfúmate la cabeza y lávate la cara,

¹⁸ para no mostrar a los demás que estás ayunando, sino a tu Padre que está en secreto, y tu Padre que ve en lo secreto te recompensará en público.

PADRE NUEST · PADRE

INTRODUCCIÓN

Recordarás que la enseñanza de Jesús en el tema de la oración la encontramos en la figura literaria de quiasmo[a], que presenta un patrón **A-B-A**. Esta figura literaria usa la repetición de frases o conceptos iguales (A - A), donde Jesús contrasta la manera en que los hipócritas y paganos oran y ayunan y la manera en que nosotros debemos de orar y ayunar. Estas ideas enmarcan el centro de la enseñanza a transmitir (B), que es la oración "El Padre Nuestro".

Por lo que ahora veremos la última parte (el segundo A) que viene después de "El Padre Nuestro" que cierra la enseñanza y que toca el tema del Perdón y el Ayuno.

PERDÓN EN DOS DIMENSIONES

*Si ustedes perdonan a los otros sus ofensas, también
su Padre celestial los perdonará a ustedes. Pero si
ustedes no perdonan a los otros sus ofensas, tampoco
el Padre de ustedes les perdonará sus ofensas.*
(v.14-15)

Después de terminar la ilustración central (El Padre Nuestro) Jesús repite la misma idea que encontramos a la mitad de El Padre Nuestro en el versículo 12, en cuanto a pedir perdón: *...como también nosotros perdonamos...*

El Antiguo Testamento es claro al mencionar que Dios siempre está dispuesto a perdonar nuestras ofensas[1]:

> *Alaba, alma mía, al SEÑOR, y no olvides
> ninguno de sus beneficios.*
> ***Él perdona todos tus pecados** y
> sana todas tus dolencias;*
> *Salmos 103:2-3 (NVI) (énfasis añadido)*

---

[a] Quiasmo: Repetición de frases o conceptos iguales, pero de manera cruzada, conservando una simetría.

Pero Jesús introduce una relación entre nuestro perdonar a otros y el ser perdonados por el Padre. Es probable que el Señor mencione este concepto en dos ocasiones por la importancia que tiene y porque era nuevo para la audiencia, difícil de entender y aceptar.

Posiblemente por eso el Apóstol Pedro le preguntó a su Maestro más adelante: ¿Cuántas veces debemos de perdonar a otros? Y al contestarle, Jesús establece un nuevo estándar según el Reino de Dios: *debemos de perdonar a otros setenta veces siete*[2], **esto** significa, constantemente, indefinidamente. El tema de perdonar a otros no importando qué tan grande sea su ofensa o su deuda hacia nosotros demuestra su importancia al ser mencionado muchas veces en diferentes pasajes y formas en el evangelio de Mateo[3].

Y perdónanos nuestras deudas,
como también
nosotros perdonamos a nuestros deudores.
(v.12)

Cuando pecamos u ofendemos creamos una deuda. Para explicar esto, digamos que alguien pide prestado el automóvil de su amigo. Durante el préstamo golpea una de las luces delanteras en contra de un poste, inutilizando la misma y abollando la moldura. Al regresar el coche, pide perdón al dueño por el desperfecto, quien amablemente perdona a su amigo, pero aún sigue una deuda pendiente, es decir, el costo que se requiere para componer el daño.

Aquí hay dos opciones: que el que pidió el auto pague por el costo del desperfecto que ocasionó o que el dueño perdone voluntariamente la deuda absorbiendo él mismo el costo, **pero alguien tiene que pagar lo que se debe.**

Cuando pecamos siempre hay *abolladuras,* es decir, una deuda por la que debemos de responder. El pedir perdón a alguien es sinceramente decir: *sé que debo algo, por lo cual estoy dando la cara, ¿cuánto te debo?*

El dar perdón y pasar por alto la deuda es decidir absorber nosotros el costo de la abolladura, y esto se logra con algo más que sólo buena voluntad, se requiere "amor". Así es, el perdonar es un acto de amor. Dios nos ama y lo demuestra porque ha provisto para nuestro perdón, incluyendo el pago de la deuda en el sufrimiento y muerte de Su Hijo Jesucristo. Nosotros demostramos nuestro amor a otros cuando los perdonamos.

ENTENDIENDO LAS DOS DIMENSIONES DE LAS RELACIONES: "DIOS Y NUESTRO PRÓJIMO"

> *Jesús le dijo:* **Amarás al Señor tu Dios** *con todo tu corazón, y con toda tu alma, y con toda tu mente. Este es el primero y grande mandamiento. Y el segundo es semejante:* **Amarás a tu prójimo** *como a ti mismo. De estos dos mandamientos depende toda la ley y los profetas. Mateo 22:37-40 (Énfasis añadido)*

Cuando le pidieron a Jesús que escogiera cuál es el gran mandamiento en la ley bíblica, Él expuso que el amar a Dios y a nuestro prójimo son los más importantes; y fue más allá diciendo que toda la ley y los escritos de los profetas se pueden resumir en estos mandamientos. ¡Qué gran capacidad de condensación!

Tomando esta perspectiva que Jesús nos presenta, podemos entender que la Biblia es un libro de **relaciones,** y las remarca en dos dimensiones:

1. La relación vertical. Nuestra relación con Dios que es el primer y más grande mandamiento.

2. La relación horizontal. Nuestra relación con el prójimo, que es el segundo más grande mandamiento y semejante al primero.

Desde niño me enseñaron los diez mandamientos que aparecen en el Antiguo Testamento en el libro de Éxodo, capítulo 10. Sinceramente me costaba trabajo relacionarme con ellos, como que no les encontraba conexión práctica en mi diario vivir. Sabía que los tenía que obedecer, que eran límites que no tenía que pasar, pero el porqué no era claro. Ya de mayor, alguien me los presentó agrupados en dos: los que se refieren a mi relación con Dios, que son los 4 primeros, y los que se dedican a mi relación con otros, que son los últimos 6 mandamientos. Así tuvieron más sentido para mi vida. ¿Notas la conexión de los diez mandamientos y la manera en que Jesús resumió la ley? ¿Puedes ver cómo estos límites mantendrán sanas las dos relaciones principales en nuestra vida, las horizontales y la vertical con Dios?

10 Mandamientos[4]

Mi relación con Dios: (Primer mandamiento: *Amarás al Señor tu Dios*[5])

1. No tengas otros dioses además de mí.
2. No te hagas ningún ídolo ni imagen.
3. No pronuncies el nombre del SEÑOR tu Dios a la ligera.
4. Acuérdate del día del Señor, para consagrarlo.

Mi relación con otros: (segundo mandamiento: *Amarás a tu prójimo*[6])

5. Honra a tu padre y a tu madre.
6. No mates.
7. No cometas adulterio.
8. No robes.
9. No des falso testimonio en contra de tu prójimo.
10. No codicies nada de tu prójimo.

Estas dos dimensiones de nuestras relaciones están conectadas, estar en paz con el Padre y estar en paz con nuestro hermano. Jesús nos insiste en este tema del perdón, sea quien sea el deudor:

*Por tanto, si traes tu ofrenda al altar, y allí te acuerdas de
que tu hermano tiene algo contra ti, deja allí tu ofrenda
delante del altar, y ve y reconcíliate primero con tu
hermano, y después de eso vuelve y presenta tu ofrenda.*
Mateo 5:23-24

A lo largo de toda la Biblia podemos escuchar al Padre decir: *"Yo sé
que van a pecar el uno en contra del otro y en contra de mí, por eso,
les enseñaré un camino para vivir en paz en las dos dimensiones de sus
relaciones:* **Arrepentimiento y Perdón***; tanto pedirlo como otorgarlo"*.

El arrepentimiento siempre precede al pedir perdón y a la
reconciliación[7]. Cuando ofendemos a alguien incurrimos en una deuda
moral, que nos obliga con el ofendido. Al reconocer esa deuda y pedir
perdón, damos la oportunidad al otro de regalar ese perdón, es decir,
de pasar por alto dicha deuda. Esto es lo que Dios ha hecho con
nosotros y lo que nosotros estamos llamados a hacer con otros.

Cuando una persona peca en contra de otra, incurre en una deuda,
y el perdón es cancelarla voluntariamente. **El perdón se enfoca sobre
la deuda, no sobre el hecho. El hecho no es borrado, sólo la deuda
es removida.**

*Sean comprensivos con las faltas de los demás y
perdonen a todo el que los ofenda.* **Recuerden que
el Señor los perdonó a ustedes,** *así que ustedes
deben perdonar a otros. Sobre todo, vístanse de
amor, lo cual nos une a todos en perfecta armonía.*
Colosenses 3:13-14 (NTV) (énfasis añadido)

**Es claro que Jesús nos está insistiendo en perdonar a otros,
a quitar ese estorbo de nuestra vida de oración.** Esto no es ignorar
el dolor que nos ha sido causado, pues ese dolor es real; tampoco es
ignorar las injusticias que nos han sido hechas, pues son verdaderas. Es,
en un gesto de sabiduría y gran amor, soltar, **dejar ir,** liberar y liberarnos.

Es el modelo que Jesús ha puesto no sólo en enseñanza sino en ejemplo, cuando nuestro Señor estaba siendo crucificado injustamente, y con gran dolor, Él exclamó: *"Padre... perdónalos, porque no saben lo que hacen"*[8].

En cuanto a nuestras relaciones horizontales Dios espera que nos encontremos a medio camino, tanto el ofendido como el ofensor. **Las relaciones son lo más importante en esta vida, y es lo que Dios pretende que reconciliemos.** Una vez puestos en paz *horizontalmente*, podemos acudir *verticalmente* a Dios en nuestra oración y Él dirá: *"Aquí estoy"*.

> **Una vez puestos en paz horizontalmente, podemos acudir verticalmente a Dios en nuestra oración y Él dirá: "Aquí estoy".**

PERDÓNANOS COMO PERDONAMOS

El camino correcto frente a reconocer nuestro pecado y la deuda que hemos contraído es "arrepentirnos". El arrepentimiento tiene que ver con saber, con reconocer y con cambiar.

- **Saber** lo que le agrada a Dios y lo que no le agrada, saber que cuando caminamos fuera de Su perfecta voluntad, tanto en nuestra vida como en la relación con otros, pecamos en contra de Él.

- **Reconocer** que somos pecadores y tenemos una deuda, pero que **confesando** nuestras faltas ante Dios y ante los demás alcanzaremos misericordia, que es "no recibir lo que merecemos". Este reconocer y confesar se expresa en una de las palabras más útiles y poderosas que podemos expresar: "PERDÓNAME".

- **Cambiar** de forma de pensar y actuar, alejarnos por completo de ese mal comportamiento o pensamiento. El arrepentimiento genuino es cambiar de dirección, de hecho, el significado de la palabra "arrepentimiento" es cambiar de pensar o modificar el rumbo. Pecar es un caminar que nos aleja de Dios, el arrepentirnos es correr de regreso a Él decidiendo ya no alejarnos más.

> *"Me levantaré e iré a mi padre, y le diré:*
> *Padre, he pecado contra el cielo y contra ti."*
> *-Hijo Pródigo[9]*

La deuda o pecado rompe relaciones, con otros y con Dios, no porque Dios no nos ame, pero porque Dios detesta el pecado. ¿Has escuchado la frase "Dios ama al pecador, pero detesta el pecado"? Es como si Dios fuera alérgico al pecado que está en nosotros. Él desea que nos acerquemos, pero primero tenemos que limpiarnos de aquello que le es contrario.

Todos tenemos una necesidad constante de limpieza interna, y ésta se da al pedir perdón de nuestras faltas y transgresiones.

Jesús nos muestra que parte fundamental de toda oración es **la confesión de faltas, pecados y deudas[10]**, porque:

- El Padre toma muy en serio que modelemos con otros nuestra relación con Él; que como hemos sido perdonados, así perdonemos.

La acción de dar y pedir perdón es algo continuo en la vida del creyente, y existe una provisión continua de parte del Padre para cubrir y perdonar la falta.

En él tenemos la redención por medio de su sangre, el perdón de los pecados según las riquezas de su gracia.
Efesios 1:7

PARTE FUNDAMENTAL DE TODA ORACIÓN ES **LA CONFESIÓN** DE FALTAS, PECADOS Y DEUDAS.

Las ofensas entre nosotros son algo muy común, es tan fácil y frecuente que nos agravien y que lastimemos a otros, de hecho, creo que es algo inevitable. Es por esto que el tema del perdón en nuestra vida de oración tiene mucho sentido en nuestro día a día.

Si podemos aprender este principio de dar y pedir perdón, nuestras relaciones (tanto la vertical con Dios como la horizontal con nuestros semejantes) estarán sanas, creciendo y darán fruto.

Ésta es la idea central que Jesús nos quiere remarcar:

"Cómo Dios recibe nuestras oraciones está directamente relacionado a cómo vivimos nuestras relaciones interpersonales."

Uno de los males de nuestros días es el orgullo que nos ciega y nos lleva a pensar que no tenemos culpa, ni con Dios ni en contra de otros, que el pecado es una exageración. Al pensar así, no tiene sentido el arrepentimiento y mucho menos el pedir perdón. Esto nos lleva sólo a que nuestras relaciones estén en muy mal estado, y que nuestras oraciones a Dios (si es que suceden), estén estorbadas por nosotros mismos.

El apóstol Juan nos dice:

Si decimos que no tenemos pecado, nos engañamos a nosotros mismos, y la verdad no está en nosotros.
1 Juan 1:8

Y en el mismo pasaje nos exhorta a caminar con humildad:

Si confesamos nuestros pecados, él es fiel y justo para perdonar nuestros pecados, y limpiarnos de toda maldad.
1 Juan 1:9

Dios nos muestra en la Biblia (Su palabra escrita) límites claros. Cuando violamos estos límites o mandamientos, pecamos contra Él. Es por esto que necesitamos pedirle perdón. Y recuerda, el perdón de Dios es abundantemente ofrecido a todo aquel que con un corazón sincero se arrepiente.

¡Bendice, alma mía, al Señor,
y no olvides ninguna de sus bendiciones!
El Señor perdona todas tus maldades,
y sana todas tus dolencias.
El Señor te rescata de la muerte,
y te colma de favores y de su misericordia.
El Señor te sacia con los mejores alimentos
para que renueves tus fuerzas, como el águila.
Salmos 103:2-5

EL AYUNO

CÓMO NO AYUNAR

Cuando ustedes ayunen, no se muestren afligidos, como los hipócritas, porque ellos demudan su rostro para mostrar a la gente que están ayunando; de cierto les digo que ya se han ganado su recompensa. (v.16)

Al cierre de esta enseñanza Jesús toca el tema del ayuno, y así como lo hizo con la oración, también compara la manera en que los hipócritas lo hacen; menciona que se muestran afligidos para que otros sepan que están ayunando. Nuevamente el Señor menciona que ellos han recibido su recompensa de los hombres, pero no de Dios.

...Cuando ustedes ayunen.

El ayuno era una práctica común en esos días en que Jesús enseñaba el Sermón del Monte. Jesús no los está convenciendo de que ayunen, ni dice *"si algún día se les ocurre ayunar"*, Él dijo y nos dice: *cuando ayunes,* dando por hecho que es algo que sucederá en la vida del creyente.

Hay una extensa enseñanza sobre este tema en el Antiguo Testamento[11]. El capítulo 4 de Mateo nos muestra que Jesús ayunó antes de ser tentado y fue cuestionado más adelante (en el capítulo 9) acerca del ayuno de sus discípulos comparándolos con los discípulos de Juan. Por lo cual, debemos de entender que el ayuno es bueno, necesario y una parte importante para acompañar nuestra vida de oración.

¿Qué es el ayuno? El ayuno es la abstinencia voluntaria de alimento con el propósito de orar, es una herramienta poderosa que tiene un lugar específico y estratégico en nuestro caminar con autoridad y propósito; sin embargo, es una de las que más tendemos a descuidar en nuestra vida de oración.[12]

La **oración con ayuno** la podemos entender como una palanca espiritual en donde le inyectamos un poco más de intención a nuestra vida de oración. Cuando ayunamos y oramos es como duplicar la fuerza que aplicamos a aquellas situaciones que están de cierta forma atoradas, o como una tijera que ejerce una fuerza en sinergia para cortar lo que se resiste.[13]

Podemos entender que cuando ayunamos y oramos a la vez, se produce en nuestro espíritu el efecto de lupa, que concentra e intensifica nuestra oración, porque es una forma práctica de apartarnos de los afanes de la vida para tener una comunión especial con el Padre y escuchar Su dirección.

Es también una manera de someter la carne y sintonizar nuestro espíritu para poder caminar conforme a la voluntad de Dios. La oración acompañada con ayuno revelará actitudes que nos controlan y estorban, como el enojo, amargura, impaciencia, falta de dominio propio, etc.

AL ORAR CON AYUNO ME ESTOY APARTANDO Y ENFOCANDO A TOMAR LOS RECURSOS DE DIOS Y A PARTICIPAR DE SUS PROMESAS.

Cuando ustedes ayunen, no se muestren afligidos, como los hipócritas. (v. 16)

Pero nuevamente, hay una declaración de no hacerlo como los religiosos de ese tiempo, a los que llama hipócritas. Reflexionemos, ¿no un hipócrita es el que mantiene una apariencia? ¿El que no es coherente o transparente por fuera con lo que está sucediendo por dentro? ¿No serían más bien estos religiosos que dejaban ver a todos que estaban en una práctica de ayuno lo contrario a hipócritas? ¿No sería hipocresía más bien lavarte la cara para que nadie lo note?

Pero Jesús los llama hipócritas, ¿por qué? La idea que está transmitiendo tiene que ver con el sentir del corazón, hacia el motivo por el que se está ayunando (igualmente por el motivo por el que se ora como lo menciona en el versículo 6).

Aquí hay dos cosas que son notorias, lo primero es que estos hipócritas están buscando la recompensa equivocada, el reconocimiento y admiración de los hombres; y lo segundo es que sus acciones dicen por fuera "tenemos un corazón para Dios", pero por dentro están desesperados por la admiración de otros.[14] El ayuno correcto, que nos muestra Jesús, es un hambre por buscar a Dios, no la aprobación de los hombres.

A continuación, Jesús nos dice cómo debe ser el ayuno correcto.

CÓMO AYUNAR

*Pero tú, cuando ayunes, perfúmate la cabeza y lávate la
cara, para no mostrar a los demás que estás ayunando,
sino a tu Padre que está en secreto, y tu Padre que
ve en lo secreto te recompensará en público.*
(v.17-18)

"*Pero tú, cuando ayunes*", nuevamente la declaración que cierra este párrafo está en forma de quiasmo con el verso 6, "*Pero tú, cuando ores, entra en tu aposento, y con la puerta cerrada ora a tu Padre que está en secreto, y tu Padre que ve en lo secreto te recompensará en público*", mencionando que el ayuno y la oración son buenos, pero no son para que otros lo noten o vean, es únicamente para que el Padre lo sepa. Nuestra audiencia es de uno, y nuestra recompensa es Él, quien sabe que estamos buscándole con fe en lo secreto, con una sincera dependencia y gran esperanza.

Consulta el Apéndice B en donde se describe
más cómo es este lugar secreto.

**EL AYUNO CORRECTO,
QUE NOS MUESTRA
JESÚS, ES UN HAMBRE
POR BUSCAR A DIOS.**

*En realidad, sin fe es imposible agradar
a Dios, ya que cualquiera que se acerca a
Dios tiene que creer que él existe
y que recompensa a quienes lo buscan.*
Hebreos 11:6 (NVI)

Con esta idea es que Jesús cierra Su enseñanza sobre la oración, nos ha dicho cómo no orar, cómo y a quién dirigir nuestra oración; y nos ha dado puntos prácticos y específicos para hablar con nuestro Padre en los Cielos. Recuerda, la oración es un regalo del Padre para nosotros, y para usarlo bien es que Jesús nos ha dado las instrucciones. Así que sigámoslas, usemos el regalo, disfrutemos de la oración, hagámosla correctamente y saquemos todo el propósito para lo cual el Padre, el Hijo y el Espíritu Santo hoy nos dicen: recuerda todo esto *"CUANDO ORES"*.

CONCLUSIÓN

Bien entendida, la oración es extremadamente importante en la dinámica del verdadero vivir bajo el Reino de Dios, y este entendimiento viene al saber:

a quién estamos orando,

cómo estamos orando y

por qué estamos orando.

Ésta es la verdad central de este pasaje que hemos estudiado.

- Oramos a una audiencia de uno, El que es un Santo Dios que está en el Cielo, un Rey con poder y gran gloria, que es conocido y tiene una voluntad, y lo más importante, que es un Padre que ama, perdona, protege, provee y guía.

- Oramos como hijos e hijas de Dios Nuestro Padre en una relación personal y cercana con Aquel que ve en lo secreto y recompensa a aquellos que lo buscan y humildemente se someten a Su voluntad y Reino, adorándole mientras comunicamos nuestras necesidades y pedimos por protección.

- Oramos como una manera de adorar al que es Santo, e invitando a nuestra vida todo lo que Él es, quiere y sabe.

- Oramos creativamente a un Padre por nuestras necesidades diarias sabiendo que Él sabe de ellas aun antes de que levantemos nuestra oración.

- Oramos humildemente por Su perdón sabiendo que esta petición depende de la manera en que perdonamos a nuestros deudores.

- Oramos con osadía por su provisión y protección del mal, y para este propósito nos rendimos a la disciplina del Padre para nuestras vidas.

- **Oramos** sabiendo que la principal recompensa de nuestra vida de oración comienza en el instante en que oramos, **porque la recompensa es Dios mismo,** el pasar tiempos de intimidad con Nuestro Padre que habita los Cielos.

- **El Padre Nuestro** es una declaración de que tenemos un Padre Santo que está dispuesto a ser encontrado y conocido.

- **El Padre Nuestro** es una advertencia de que hay un Rey poderoso y que debemos de contemplar Su voluntad en nuestro diario vivir.

- **El Padre Nuestro** es un aviso de que existe un mal del que necesitamos ser rescatados, y de que existe quien nos puede rescatar de él.

- **El Padre Nuestro** es una exhortación a acercarnos, a pedir, a arrepentirnos, a perdonar y a estar firmes.

- **El Padre Nuestro** describe nuestra relación con el Padre, pero también nos trae a un punto de fortaleza para crecer y traer a sanidad nuestra relación con otros, apuntando a una perspectiva bidimensional de nuestras vidas, haciéndonos ver qué tan relacionadas están estas dos dimensiones (la vertical con el Padre y la horizontal con otros).

- **El Padre Nuestro** es una carta de amor de un Padre celestial que está diciendo *"Acércate hijo, Yo sé, Yo veo, Yo soy, Yo puedo, Yo hice, Yo haré."*

- **El Padre Nuestro** es una reunión de Dios Padre dándonos nuestro pan diario, Dios hijo trayéndonos a estar en paz con el Padre y con otros, y Dios Espíritu Santo guiándonos a un lugar seguro.

- **El Padre Nuestro** es una invitación a pedir, a buscar y a tocar[15], sabiendo quiénes somos en Él y cuál es Su voluntad para nosotros.

"Nunca olvidemos que Dios es un Dios Santo con Poder, Reino y Gloria, y que Él es también un Padre amoroso que nos está esperando en ese lugar secreto de nuestras oraciones."

UNA ORACIÓN A DIOS:

Señor Dios y Padre, sé que me esperas cada día en ese lugar secreto de mis oraciones. Hay un anhelo en mí por buscarte, hablarte y escucharte. Hay mil preguntas que tengo para ti. Hoy te pido que me atraigas, que no me dejes olvidarme de la oración hacia ti, en ti y por ti. Que me sigas instruyendo en cómo crecer en este poderoso hábito diario, pues sé que aquí seré transformado, sanado y saciado del hambre que tengo de estar cerca de ti.

Hoy sinceramente te digo, ahí estaré en ese lugar especial, ese lugar nuestro, en donde te encontraré... cuando ore.

A M É N

[1] Éxodo 34:7, Salmos 32:1, Salmos 130:4
[2] Mateo 18:21-22
[3] Mateo 7:1, Col 3:13 y Efesios 4:32
[4] Éxodo 10:23-31
[5] Mateo 22:37-40
[6] Mateo 22:37-40
[7] Hechos 2:37-38
[8] Lucas 23:34
[9] Lucas 15:18
[10] Parás
[11] Isaías 58:5
[12] Parás
[13] Parás
[14] Piper
[15] Mateo 7:8

PADRE NUESTRO

PADRE NUESTRO

DECIDIENDO POR CRISTO

DECIDIENDO POR CRISTO

*"...por cuanto todos pecaron, y están destituidos
de la gloria de Dios". Romanos 3:23*

De alguna forma u otra, todos hemos fallado en nuestro intento de caminar conforme a la voluntad de Dios y hemos pecado en contra de Él al herir a nuestros familiares y amigos, siendo insensibles, mintiendo, estando centrados en nosotros mismos, engañando, odiando, teniendo caídas morales, etc. ¿Te puedes identificar con esto?

Mira lo que sucede cuando pecamos:

*"Pues la paga que deja el pecado es la muerte,
pero el regalo que Dios da es la vida eterna
por medio de Cristo Jesús nuestro Señor."
Romanos 6:23 (NTV)*

Al estar en pecado, admitamos este o no, nos hacemos acreedores de una deuda, la que se paga con muerte eterna, que es vivir separados de Dios por siempre. Esta deuda debe de ser pagada, pues Dios es justo.

Sin embargo, al analizar la segunda parte de este versículo podemos ver cómo Dios quiere tener una relación íntima con nosotros por toda la eternidad y nos ha dado un regalo, que es **la vida eterna por medio de Cristo Jesús,** indicando que podemos recibir el **perdón** de Dios si nos arrepentimos y lo buscamos de todo corazón.

¿Cómo es que esto puede suceder? Porque Jesús ha pagado por nuestra deuda muriendo en la cruz, y nos ha dado el perdón y la anulación de nuestra deuda como un regalo al creer en Él; y como cualquier otro regalo, no nos lo podemos ganar, sólo lo podemos recibir.

*"Pero Dios demuestra su amor por nosotros
en esto: en que cuando todavía éramos
pecadores, Cristo murió por nosotros."
Romanos 5:8 (NVI)*

¿Cómo lo podemos recibir?

> *"...porque todo el que invoque el*
> *nombre del Señor será salvo."*
> Romanos 10:13

¿Puedes ver qué tan importante es el ser salvados de una vida separada de Dios?

¿Puedes ver que Dios ha preparado este regalo para que nosotros lo recibamos?

Todo lo que tenemos que hacer es reconocer el hecho de que hemos pecado, por lo que merecemos la muerte. Debemos voltear humildemente a Dios, arrepentirnos sinceramente de nuestro mal e invitar a Jesús a que perdone, reine y sea Señor de nuestra vida, aceptando la nueva vida que nos ofrece.

Jesús te dice hoy:

> *"¡Mira! Yo estoy a la puerta y llamo. Si oyes mi*
> *voz y abres la puerta, yo entraré y cenaremos*
> *juntos como amigos."* Apocalipsis 3:20 (NTV)

Hoy te animo a que puedas voltear a Dios. Él es bueno y misericordioso, te invito a hacer la siguiente oración para invitar a Jesús a que sea el Señor de tu vida y que viva en tu corazón:

UNA ORACIÓN A DIOS:

"Dios, hoy me doy cuenta que he vivido lejos de ti, a mi manera, en mi pecado. Yo me arrepiento y te pido me perdones.

Señor, recibo tu perdón que no merezco pero que acepto, recibo el regalo de vida que tú me das en Cristo Jesús. Creo que Jesús murió en la Cruz por mí, que resucitó, que está vivo y que vendrá de nuevo.

Y Jesús, te nombro el Señor de mi vida, te pido que habites hoy en mi corazón y que me guíes en cada situación, en cada relación.

Amén."

APÉNDICE B
EL LUGAR SECRETO

EL LUGAR SECRETO

En lo secreto, es la recomendación puntual de nuestro Señor Jesús para cuando tengamos nuestro tiempo de oración personal. Pero, ¿qué es en lo secreto? Jesús menciona entrar en nuestro aposento y cerrar la puerta para no presumir a los hombres nuestro ayuno, oración y tiempo dedicado a Dios.

Pero tú, cuando ores, entra en tu aposento,
y con la puerta cerrada ora a tu Padre que
*está en **secreto,** y tu Padre que ve en lo*
secreto te recompensará en público. (v.6)

Pero tú, cuando ayunes, perfúmate la cabeza y lávate la
cara, para no mostrar a los demás que estás ayunando,
*sino a tu Padre que está en **secreto,** y tu Padre que ve*
*en lo **secreto** te recompensará en público. (v.17-18)*

Cuando Jesús dice "en lo secreto" está siendo muy claro, se refiere a algo que está oculto a los demás y que no debe estarse publicando o presumiendo, aunque no haya nada de malo en que alguien lo note. De hecho, en la vida de Jesús, los evangelistas son puntuales al narrar cómo el Señor se iba a lugares apartados para orar. Al hacerlo, los demás lo sabían y se percataban. Quizá Juan preguntaba a Pedro, *"¿Has visto al Señor?"* Y Pedro contestaría: *"Fue a Su lugar secreto para orar, no lo molestes".*

La vida de oración de Jesús era en lo secreto, pero por supuesto que era notoria:

En cierta ocasión, Jesús estaba orando en un
lugar y, cuando terminó, uno de sus discípulos
le dijo: Señor, enséñanos a orar...
Lucas 11:1

Según nos lo narran los evangelios, Jesús tenía varias preferencias para su lugar de oración, para su lugar secreto:

Levantándose muy de mañana, siendo aún muy oscuro,
*salió y se fue a un **lugar desierto**, y allí oraba.*
Marcos 1:35 (Énfasis añadido)

Un lugar desierto era de los favoritos para nuestro Señor, un lugar donde por sus características no sería muy concurrido o transitado. Lo podemos entender como un **lugar apartado**, siendo claro que lo que Él buscaba era el poder concentrarse, dedicarse sin interrupciones y sin nada que le pudiera distraer para el tiempo más importante de Su día.

Un lugar desierto también se caracteriza por tener carencias, y al no tener distracciones podremos enfocarnos en Aquel que lo es todo. Cuando rendimos nuestra necesidad de comida y ayunamos, estamos diciendo: mi verdadera hambre es por Ti, Señor.

*Por esos días Jesús **fue al monte** a orar,*
y pasó la noche orando a Dios.
Lucas 6:12 (Énfasis añadido)

Los montes eran otro de los lugares que Jesús frecuentaba para hacerlos Su lugar secreto. Nuevamente nos hablan de un lugar apartado; pero también una de las características de un monte es que es un **lugar de inspiración**, en donde se respira un aire diferente, se tiene una vista hermosa y se puede disfrutar de la naturaleza.

Cierta vez al visitar Tierra Santa, estuve sentado en el monte donde sabemos que Jesús enseñó el famoso "Sermón del Monte" (en donde se encuentra la enseñanza de "El Padre Nuestro" que hemos estudiado). Era un atardecer, se veía el lago de Galilea a la distancia, con un cielo sublime, y mientras contemplaba todo eso me imaginaba a Jesús orando ahí, y dije dentro de mí: *"Ya entiendo, Señor, por qué te gustaba tanto este lugar para orar."*

Un lugar secreto también es un lugar donde nos sentimos **inspirados** y maravillados por la grandeza de nuestro Dios.

Entonces Jesús fue con ellos a un lugar que se
llama Getsemaní, y dijo a sus discípulos: «Siéntense
aquí, mientras yo voy a orar en aquel lugar.»
Mateo 26:36

*Jesús salió y, conforme a su costumbre, se fue al monte
de los Olivos. Sus discípulos lo siguieron. Cuando llegó
a ese lugar, Jesús les dijo: «Oren para que no caigan
en tentación.» Luego, se apartó de ellos a una distancia
como de un tiro de piedra, y allí se arrodilló y oró.*
Lucas 22:39-41

Getsemaní es un huerto ubicado al pie del monte de los Olivos, quizá el lugar favorito de Jesús para estar y orar, en especial durante sus visitas a Jerusalén. Nuevamente es un lugar **apartado,** en especial si lo comparas con lo concurrida que debería de estar la ciudad durante las fiestas, y también era un lugar **inspirador** lleno de árboles ancestrales de Olivos. Este lugar tiene otra característica importante, para Jesús era un **lugar familiar,** cercano a Él, que conocía y apreciaba, era privado, apartado, sólo para Él y para Su Padre que está y ve en lo secreto[1].

¿CUÁL ES TU LUGAR SECRETO?

Un lugar secreto es un lugar **apartado, inspirador y familiar,** el cual se vuelve especial porque ahí conectamos con Dios, porque ahí somos escuchados y escuchamos al Padre que está en los Cielos.

Yo tengo cuatro hijos y cada uno es único y especial. Como padre, trato de buscar tiempos, momentos y actividades donde pueda conectar individualmente con cada uno de ellos, y al encontrar estos momentos, se tornan en lugares y actividades especiales en los que conectamos y desarrollamos recuerdos únicos, especiales... secretos.

Con un hijo comparto el gusto por jugar ajedrez o armar réplicas sofisticadas de múltiples piezas; con otro es la bicicleta y salimos juntos a rodar, tenemos recorridos ya establecidos, hay bajadas que nos gustan y lugares donde hemos vivido aventuras, estos tiempos son especiales para nosotros. El mayor y yo compartimos el trabajo y los viajes y a mi hija y a mí, nos gusta ir a un restaurante en particular que se ha vuelto nuestro lugar secreto, donde platicamos, convivimos y nos animamos, es decir, "conectamos".

Creo que con Dios sucede lo mismo, no puedo decir que tu lugar secreto tenga que ser tu habitación (tu aposento), tu oficina o una capilla, yo creo que tu lugar secreto es... **tu lugar secreto**, un lugar donde has conectado con El Padre de manera privada, regular y frecuente, donde te sientes cómodo porque es familiar, lo consideras íntimo y especial.

El lugar secreto para mi esposa es el clóset, se pone una manta y agachada puede dedicar largos tiempos platicando con Dios. Cuando yo la veo ahí no la molesto, sé que es el mejor lugar para que ella esté. Sé que es un lugar privado y secreto en donde no tengo ni la invitación ni el derecho a entrar, es suyo y de Dios, y me gozo cuando la veo ahí porque entre más tiempo pase en su lugar secreto, mejor estará todo el ambiente subsecuentemente. Dios la quiere ahí, ella quiere estar ahí y yo quiero que esté ahí.

Para mí en lo particular, es importante que mi lugar secreto sea inspirador. Prefiero lugares abiertos como el jardín, me gusta remar en el lago o andar en bicicleta en el campo. A mí me funciona bien, puedo entablar largas conversaciones con Dios, me maravillo de Su creación y sé que a Dios no le molesta nuestro lugar secreto, porque escucho Sus palabras de exhortación, ánimo y amor.

¿Cuál es tu lugar secreto?, pruébalo, adáptalo, frecuéntalo y lo más importante... úsalo.

> Un lugar secreto es un lugar **apartado, inspirador, sin distracciones y familiar,** el cual se vuelve especial porque ahí conectamos con Dios, somos escuchados y escuchamos al Padre que está en los cielos.

UN LUGAR QUIETO

¡Quédense quietos y sepan que yo soy Dios!
Salmos 46:10 (NTV)

Uno de los males de nuestra época es el ritmo en el que vivimos, las múltiples tareas que nos ponemos y las innumerables actividades a las que tenemos acceso para distracción, diversión o aprendizaje.

El problema es que el activismo y los distractores nos están robando el enfoque para conectar con Dios. Hay tantas cosas gritándonos, que no escuchamos Su voz.

El tener un lugar secreto tiene un aspecto práctico muy importante, **logrará reducir nuestro ritmo de actividad y separarnos de los distractores.** Con esto nos podremos enfocar mejor en la oración.

Hay estudios que han probado que cuando alguien quiere tener una comunicación efectiva con otra persona u audiencia, no debería de hablar demasiado lento, pues estamos acostumbrados a un ritmo dado donde si alguien baja ese paso, no logramos ponerle atención y nos distraemos. Pero con Dios es todo lo contrario, si queremos aproximar una comunicación con Él al ritmo que la cultura nos está empujando hoy en día, no captaremos Su Voz.

No te puedo decir por qué pero Dios ha decidido que Él no va a gritar y tampoco va acelerar el ritmo de Su conversación con nosotros. Nosotros somos los que tenemos que desacelerarnos y bajar el volumen de nuestro entorno y de nuestros pensamientos.

Elías el profeta tuvo una experiencia con Dios que nos da mucha información en cuanto al ritmo y volumen en el que Dios quiere comunicarse con nosotros:

> *Entonces el Señor le dijo: «Sal de tu cueva y espérame en el monte, delante de mí.» Elías pudo sentir que el Señor estaba pasando, porque se desató un viento poderoso que a su paso desgajaba los montes y partía las rocas. Pero el Señor no estaba en el huracán. Tras el viento vino un terremoto. Pero el Señor no estaba en el terremoto. Tras el terremoto vino un fuego. Pero el Señor tampoco estaba en el fuego. Luego vino **un silvo apacible y delicado,** y cuando Elías lo percibió, se cubrió el rostro con su manto y se quedó a la entrada de la cueva; entonces escuchó una voz que le preguntaba:*
> *«¿Qué haces aquí, Elías?»*
> *1 Reyes 19:11-13 (Énfasis añadido)*

Un silbo apacible y delicado, que estoy seguro muchas veces no hemos escuchado porque más bien estamos en el *huracán*, en el *terremoto* y en el *fuego*. El lugar secreto en lo práctico nos permitirá bajar las revoluciones, bajar el volumen y poder escuchar a Dios en lo apacible y delicado de nuestro tiempo de oración.

Lo que hacemos cuando estamos en este lugar de oración es que reducimos el volumen de nuestras vidas, pues estamos rodeados de tanto ruido y de tantas voces, que no escuchamos, porque a Dios se le escucha en el silbido apacible[2].

REDUCIENDO NUESTRO RITMO:

El lugar secreto también nos permite bajar el ritmo en el que vivimos la mayor parte de nuestros días, logra desacelerarnos para enfocar nuestra atención y nos ayuda a pausar.

Una disciplina muy recomendable para cuando vamos a nuestro lugar secreto, es tener pluma y papel a la mano para llevar un diario en donde escribamos nuestras conversaciones con Dios, nuestras oraciones a Él y las palabras que Dios imprima en nuestro corazón al estar cerca de Él.[3] [4]En lo personal, hacer esto es lo que más me ha ayudado a bajar el ritmo en el que vivo mis días, me ha permitido concentrarme en mi conversación con Dios de una manera que no había logrado antes, y me ha ayudado a mantener mis oídos sintonizados a Él. Con este hábito, puedo estar en un comedor muy transitado y a la vez estar concentrado en mi conversación. En cierta forma, la libreta se ha convertido en mi lugar secreto, que tiene una ventaja grandísima, la puedo llevar a donde quiera.

Otra ventaja de tener un diario de oración es que me permite llevar un registro de lo que Dios está tratando en mi vida, así como poder registrar las oraciones hechas y contestadas, lo que me permite ver cómo Dios obra en mi vida, y esto anima mi fe.

"El Poder viene de estar quieto, la fortaleza de estar en silencio."
Bill Hybels[5]

NUESTRO GETSEMANÍ

Jesús salió y, conforme a su costumbre, se fue al monte
de los Olivos... Luego, se apartó de ellos a una distancia
como de un tiro de piedra, y allí se arrodilló y oró. Y
decía: «Padre, si quieres, haz que pase de mí esta copa;
pero que no se haga mi voluntad, sino la tuya... *Lleno*
de angustia, oraba con más intensidad. Y era su sudor
como grandes gotas de sangre que caían hasta la tierra.
Lucas 22:39-42 (Énfasis añadido)

Esta oración tan profunda la hizo Jesús en el huerto de Getsemaní. Getsemaní significa en arameo "lugar de aceite"[6], el aceite simboliza alegría y prosperidad y se usaba en la época bíblica para la consagración y la purificación.

Para la obtención del aceite se utilizaban unas prensas que trituraban las olivas. Nuestro lugar secreto es un Getsemaní, un lugar donde dejamos que la voluntad del Padre sea sobre la nuestra, un lugar donde somos confrontados y conformados, un lugar donde es triturado nuestro pensamiento mundano, nuestro egoísmo y nuestro orgullo; pero también es un lugar de aceite, de alegría y abundancia.

En el lugar secreto será común derramar lágrimas por la confianza que tenemos con el Padre y por Su amoroso proceso para sanar nuestras heridas y poner en paz nuestras frustraciones. Es un lugar donde será común la frase, *pero que no se haga mi voluntad, sino la tuya*[7].

Por lo mismo se convierte en un lugar santo (apartado, consagrado a buscar a Dios). Al frecuentarlo y buscar la presencia de Dios, ese lugar irá teniendo un aprecio especial para ti y para Dios, un toque único, como si se fuera impregnando de Su aroma[8].

La atmósfera que se crea en ese lugar es muy especial, así como un matrimonio frecuenta un lugar para reuniones especiales y se vuelve un lugar significativo.

Cuando estoy en la Iglesia entre semana muy temprano y no hay nadie, me gusta orar en el pasillo central que distribuye a los diferentes auditorios y salones. Es un lugar hermoso lleno de arcos donde hago intercesión por todos los congregantes, sabiendo que en unos días pasarán por ese mismo pasillo. Para mí es un Getsemaní donde dejo que Dios triture mi agenda y coloque la suya, donde declaro que en el hacer y crecer de la Iglesia *no se haga mi voluntad, sino la suya*[9].

Para algunos su Getsemaní podrá ser el asiento del camión mientras van al trabajo, o esa mesa sencilla y apartada del café donde esperan. Lo más común y cotidiano, cuando es apartado para orar, se vuelve como un santuario, un *huerto familiar* donde el aceite producido será de bendición a propios y extraños.

---

[1] Mateo 6:6

[2] Hybels.

[3] Hybels

[4] Hybels

[5] Hybels.

[6] Nelson, Getsemaní.

[7] Lucas 22:42

[8] Hybels.

[9] Lucas 22:42

SI HE PEDIDO, ¿POR QUÉ NO HE RECIBIDO?

SI HE PEDIDO, ¿POR QUÉ NO HE RECIBIDO?[a]

Ésta es sin duda una de las mejores preguntas en nuestra vida cristiana, es sincera, auténtica y común. Quizá has estado en ese momento en donde después de levantar una petición por tus necesidades como hijo al Dios Padre en los cielos, viene un silencio, vemos que Dios no nos responde de acuerdo a nuestra petición, o hay una tardanza en Su respuesta, tanto que puede haber llegado un desánimo en nuestra vida de oración.

Déjame hacer una pausa antes de responder a este asunto. Dios ya ha dado respuesta a esta y a múltiples preguntas que la humanidad se ha hecho. Podemos encontrar estas respuestas en la Biblia, la Palabra de Dios, si somos diligentes en buscar y escuchar. Jesús dijo que escudriñáramos las escrituras[1], en ellas tenemos la verdad, indicaciones del camino a seguir y las respuestas para enfrentar todos los retos que nuestra vida de fe nos presente.

Regresando al problema de no recibir, es mi parecer que Santiago nos da de una manera muy puntual esta respuesta, leamos:

...Pero no obtienen lo que desean, porque no piden; y cuando piden algo, no lo reciben porque lo piden con malas intenciones, para gastarlo en sus propios placeres.
Santiago 4:2-3

Es fácil notar que Dios espera y recibe nuestro pedir, pero que Él se reserva en Su soberanía y perfecta sabiduría el derecho de decidir cuándo responder. Podríamos describir 5 diferentes escenarios en cuanto a nuestro pedir y recibir, y Su escuchar y dar:

[a] Inspirado en el capítulo 8, "The Hurt of Unanswered Prayer", del libro: "Too busy not to pray" por Bill Hybels.

1. SI NO PEDIMOS - DIOS DICE: "PIDE Y PERSISTE"

El primer problema que enfrentamos en nuestro recibir es muy sencillo, **no recibimos porque no pedimos**. Seamos sinceros, ¿cuántas veces nos hemos frustrado por no recibir algo de Dios, pero la realidad es que no hemos ni siquiera levantado una oración acerca del asunto? y quizá pensemos ¿pero no sabe Dios ya nuestras necesidades? ¿no es un Padre que debería de estar pendiente por mí? Sí, Él sabe y a Él le importa, pero Dios ha decidido aquí en la Tierra someter a nuestro pedir, Su dar.

En el mismo Padre Nuestro podemos ver cómo Jesús nos guía a decir; *Hágase tu voluntad, en la tierra como en el cielo*[2]. Es un rendirnos a Su Voluntad, pero también es una declaración legal al invitar Su intervención en los asuntos que nos corresponden a nosotros.

¿Pero qué autoridad tenemos nosotros para dar esta invitación? Desde la creación del hombre, Dios decidió someterle a él (al ser humano) todos los asuntos de la tierra. Analiza esto, todo lo que suceda o no suceda en la Tierra es responsabilidad del hombre, y es tal el respaldo a esta decisión que aun a Dios le costó la encarnación. Dios tuvo que hacerse hombre, en la persona de Jesús, para arreglar los problemas en los que el hombre se había metido.

Los cielos le pertenecen al SEÑOR,
pero a la humanidad le ha dado la tierra.
Salmos 115:16 (NVI)

Dios hace Su voluntad en el Cielo, pero en la Tierra tú y yo tenemos la responsabilidad, autoridad y agenda para buscar que Su Reino sea establecido aquí, ahora y con Sus valores.

Es por eso que cuando Jesús habla de la oración, no nos dice: "cuando se acuerden de orar", o "si algún día llegaran a orar". Antes de enseñarnos el Padre Nuestro, Él dice: *"ustedes deben orar así"*[3].

Él está seguro y confiado que nosotros oraremos, Él espera que comprendamos que esto es nuestro papel básico, "pedir, buscar y llamar aquí en la Tierra[4]".

> *Entonces dijo Dios: «Hagamos al hombre a nuestra*
> *imagen, conforme a nuestra semejanza; y* **tenga**
> **potestad** *sobre los peces del mar, las aves de los*
> *cielos y las bestias,* **sobre toda la tierra** *y sobre*
> *todo animal que se arrastra sobre la tierra.»*
> *Y creó Dios al hombre a su imagen,*
> *a imagen de Dios lo creó;*
> *varón y hembra los creó.*
> *Los bendijo Dios y les dijo: «Fructificad y multiplicaos;*
> **llenad la tierra y sometedla;** *ejerced potestad*
> *sobre los peces del mar, las aves de los cielos y*
> *todas las bestias que se mueven sobre la tierra.»*
> *Génesis 1: 26-28 (énfasis añadido)*

Después de pedir, lo segundo es que persistamos en ese pedir. Es común que platique con personas enojadas con Dios frustradas en su vida de oración porque no han recibido respuesta, y en ocasiones les pregunto: "¿desde cuándo ha estado usted orando por el asunto?" Y ellos responden: "desde el día de ayer..." Somos tan impacientes, una generación que se ha acostumbrado a tener todo instantáneo y sin esfuerzo, tanto, que hemos aplicado este estándar también a la oración. Por otro lado, he conocido personas que con alegría me comentan que nunca más dudarán de la oración porque después de veinte años de persistir, han recibido la respuesta.

Oraciones no terminadas son las que dejamos de hacer antes de ver la respuesta de Dios. No es que se tarden más unos asuntos para convencer a Dios que otros, pero quizá hay un peso que se requiere con esas oraciones que se acumulan delante del trono de nuestro Padre en los Cielos.

No pretendo entender por qué en ocasiones se requiere sólo una oración para ver la respuesta de Dios y en otras se requiere la persistencia en un largo plazo para ver la respuesta, pero así es. Si no has pedido, pide, y si ya has pedido, continúa insistiendo en tu petición hasta que veas la respuesta.

> *"Orad sin cesar."*[5]
> *-Pablo el Apóstol*

2. SI PEDIMOS MAL - DIOS DICE: "NO"

El otro problema común en nuestro pedir es que pedimos mal, como dice Santiago: *"cuando piden algo, no lo reciben porque lo piden con malas intenciones, para gastarlo en sus propios placeres*[6]*"*.

Esto nos puede suceder a todos, es común el pedir fuera de la voluntad de Dios. En un momento dado nos puede parecer adecuada nuestra petición, pero ésta contiene malas motivaciones; o si la oración fuera contestada, estorbaría lo que Dios quiere hacer en nosotros.

Aun los discípulos experimentaron el pedir mal, en una ocasión dos de sus discípulos, Jacobo y Juan pidieron que cayera fuego del cielo para consumir a una población de samaritanos que no quiso hospedar a Jesús:

> *Al ver esto, sus discípulos Jacobo y Juan dijeron:*
> *«Señor, ¿quieres que mandemos que caiga fuego*
> *del cielo, como hizo Elías, para que los destruya?»*
> *Pero Jesús se volvió y los reprendió. [Y les dijo:*
> *«Ustedes no saben de qué espíritu son. Porque el*
> *Hijo del Hombre no ha venido a quitarle la vida a*
> *nadie, sino a salvársela.»] Y se fueron a otra aldea.*
> *Lucas 9:54-56*

Al leer el pasaje hoy, es muy claro para nosotros que la petición de Jacobo y Juan estaba muy lejos de la voluntad de Dios, y podemos entender por qué no les fue concedida su petición.

Así nosotros debemos de confiar que si pedimos mal, el Padre no concederá nuestra petición. Esto, aunque puede frustrarnos momentáneamente, es un consuelo de su protección y guianza, para nosotros y los que están alrededor.

> *"Sí Señor, monitorea nuestro pedir y cancela tu dar cuando no está de acuerdo a tu voluntad y pueda ser dañino para nosotros u otros a nuestro alrededor."*

3. SI YO ESTOY MAL - DIOS DICE: "CRECE"

Recuerda que Dios es un Padre y nos trata como hijos, Su principal interés es que crezcamos, maduremos y avancemos hacia el llamado que Él tiene para nosotros. En ocasiones, en nuestro pedir puede existir algo dentro de nosotros que necesita cambiar, algo que tenemos que rendir o algo que debemos arreglar, y Dios quiere que sea atendido antes de obtener respuesta a nuestra petición. Esto puede suceder en dos áreas puntuales.

a. Pecados sin confesar:

Pecados ocultos en nuestra vida, con los cuales no hemos lidiado, y no nos hemos arrepentido ni recurrido a Su perdón. Quizá preguntas, "¿pero por qué esto estorbará mi recibir?" Mira lo que escribe el profeta Isaías.

> *Son sus pecados los que los han separado de Dios.*
> *A causa de esos pecados, él se alejó*
> *y ya no los escuchará.*
> *Isaías 59:2 (NTV)*

Muchas veces nos enojamos con Dios por no conceder nuestra petición, quizá aun analizamos que la petición se ve correcta de acuerdo a la voluntad del Padre y podemos no entender por qué no vemos la respuesta.

Si te encuentras en esta situación, una buena pregunta es: **¿Dios, hay algo en mí que está estorbando tu escuchar, responder y dar?**

Para mí ésta fue una de las grandes revelaciones en mi vida de oración y en especial en el área de pedir. Nunca había caído en cuenta que quizá el problema de no recibir podría estar en mí, y me ha ayudado a revisar mi corazón, mi intención y motivación en humildad.

b. Relaciones rotas:

Otra cosa importante a revisar son las relaciones en nuestra vida. Dios es muy puntual en recordarnos lo ligadas que están las relaciones con otros y nuestra relación con Dios.

Es claro ver aun en el mismo Padre Nuestro esta interacción entre nuestra relación vertical con Dios y la horizontal con otros.

> *perdónanos nuestras deudas, como también*
> *nosotros perdonamos a nuestros deudores. (v. 12)*

Jesús nos enseñó que antes de presentarnos ante Dios en oración debemos de reconciliarnos con nuestro hermano:

> *Por lo tanto, si estás presentando tu ofrenda en el altar*
> *y allí recuerdas que tu hermano tiene algo contra ti, deja*
> *tu ofrenda allí delante del altar. Ve primero y reconcíliate*
> *con tu hermano; luego vuelve y presenta tu ofrenda.*
> *Mateo 5:23-24 (NVI)*

Un último ejemplo es el que Pedro nos presenta a los que somos maridos con relación al estorbo que pueden tener nuestras oraciones cuando no estamos tratando bien a nuestras esposas. Éste es un pasaje al que yo recurro mucho cuando en consejería estoy platicando con un hombre que está teniendo problemas económicos en su vida; una pregunta obligada que le hago es: "¿cómo estás tratando a tu esposa?" Muchos sorprendidos me cuestionan qué tiene que ver su economía con el trato hacia su esposa, pero es claro que todas sus oraciones en este tema no serán respondidas hasta que no se reconcilien en este asunto.

*De la misma manera, ustedes maridos, tienen que
honrar a sus esposas. Cada uno viva con su esposa y
trátela con entendimiento. Ella podrá ser más débil,
pero participa por igual del regalo de la nueva vida
que Dios les ha dado. Trátenla como es debido,
para que nada estorbe las oraciones de ustedes.*
1 Pedro 3:7 (NTV)

Dios toma muy en serio que seamos coherentes entre nuestra relación con Dios y nuestra relación con otros. ¿Podremos acercarnos a Dios con cara de buenos a solicitar Su ayuda y al mismo tiempo tener un asunto sin resolver con nuestro hermano? Yo creo que no.

*Si es posible, y en cuanto dependa de
nosotros, vivamos en paz con todos.*
Romanos 12:18

4. SI EL TIEMPO ES INCORRECTO - DIOS DICE: "DESPACIO"

Todo tiene su tiempo, todo lo que se quiere debajo del cielo tiene su hora[7], nos dice el rey Salomón, considerado uno de los hombres más sabios de todos los tiempos. Es decir, cada cosa tiene un tiempo adecuado para nuestra vida.

En ocasiones podemos estar pidiendo correctamente y con un corazón humilde y enseñable delante de Dios, pero el tiempo correcto en nuestras vidas para la bendición de Dios no es hoy. La respuesta de Dios no será NO, pero será: "espera un poco más".

Yo puedo detectar muchas peticiones que he hecho a Dios que no han llegado en los tiempos que yo esperaba, y al verlo retrospectivamente me doy cuenta de que no estaba listo para esa bendición, que no era el tiempo adecuado o que llegó la respuesta en un tiempo mucho mejor en mi vida, o en la vida de mi familia.

Dios, como un Padre, sabe los mejores tiempos para nosotros y debemos de confiar en esto. Somos una generación impaciente, que no ve el valor de la espera, todo lo queremos instantáneo, rápido, pronto y de preferencia para *ayer*, pero debemos de ser humildes ante el Padre y confiar que Sus tiempos son perfectos.

5. SI LA PETICIÓN ES CORRECTA, EL TIEMPO ES EL CORRECTO Y TÚ ESTÁS EN ORDEN, DIOS DICE: ADELANTE

Éste es el escenario que todos deseamos y en el que necesitamos buscar estar, pues aquí es donde veremos esa respuesta a nuestras peticiones porque Dios es un Padre espléndido que quiere dar. Billy Graham decía que el cielo está repleto de bodegas llenas de respuestas a nuestras peticiones[8].

UNA OBSERVACIÓN:

Puede ser que la petición sea la correcta ante los estándares bíblicos, que nuestra vida esté en orden y aún así Dios decide no conceder esta petición, recordemos que:

"Dios siempre tiene la última palabra
en la respuesta a nuestro pedir."

Él es soberano y debemos de confiar que Él puede concederlo, Él puede arreglarlo, Él puede solucionarlo; pero si aún no decidiera hacerlo, eso no cambia nuestra relación con Nuestro Padre, porque nuestra relación con Él no está basada en si recibimos o no, nuestra relación con Él está en que somos hijos, aceptos en el amado[9].

Podremos decir, como lo hicieron esos tres jóvenes descritos en el libro del profeta Daniel, que estaban a punto de ser echados al horno de fuego porque buscaron honrar a Dios y se negaron a inclinarse y adorar la estatua del rey que los amenazaba y dijeron:

Si nos arrojan al horno ardiente, el Dios a
quien servimos es capaz de salvarnos. Él nos
rescatará de su poder, su Majestad;
pero aunque no lo hiciera,
deseamos dejar en claro ante usted que jamás
serviremos a sus dioses ni rendiremos culto a
la estatua de oro que usted ha levantado.
Daniel 3:17-18 (NTV) (Énfasis añadido)

---

[1] Juan 5:39
[2] Mateo 5:10
[3] Mateo 5:9
[4] Mateo 7:7-8
[5] 1 Tesalonicenses 5:17
[6] Santiago 4.3
[7] Eclesiastés 3:1
[8] Rowell, 110.
[9] Efesios 1:6

PADRE
NUESTRO

BIBLIOGRAFÍA

- Barclay, W. The Letters to Philippians, Colossians, and Thessalonians (3rd ed. fully rev. and updated). Louisville, KY; London: Westminster John Knox Press. 2003.

- Biblia del diario vivir. (electronic ed). Nashville: Editorial Caribe. 2000.

- Cayuela, N. L. (Ed.). Diccionario general de la lengua española Vox. Barcelona: VOX. 1997.

- Cevallos, J. C. Comentario Bíblico Mundo Hispano Tomo 23: Hebreos, Santiago, 1 Y 2 Pedro, Judas. El Paso, TX: Editorial Mundo Hispano. 2006.

- Freeman, J. M., & Chadwick, H. J. Manners & Customs of the Bible. North Brunswick, NJ: Bridge-Logos Publishers. 1998.

- Guthrie, D. Pastoral Epistles: An Introduction and Commentary. Downers Grove, IL: InterVarsity Press. 1990.

- Hayford Jack W. Living the Spirit formed life, Growing in the 10 Principles of Spirit-filled discipleship. California: Regal Books, 2001.

- Hayford Jack W. ed. The Hayford Bible Handbook, Nashville: Thomas Nelson Inc., 1995.

- Hayford Jack W. Prayer is invading the impossible. Florida: Bridge-Logos Publishers, 1977.

- Hayford Jack W. Sharpening Your Leading Edge, Moving From Methods to Mindset. Florida: Charisma House, 2003.

- Hebrew-Greek Key Word Study Bible. New American Standard Bible, Spiros Zodhiates. ed. The Lockman foundation 1990.

- Hendriksen, W. Comentario al Nuevo Testamento: El Evangelio según San Mateo. Grand Rapids, MI: Libros Desafío. 2007.

- Henry, M., & Lacueva, F. Comentario Bíblico de Matthew Henry. 08224 TERRASSA (Barcelona): Editorial CLIE.1999.

- Hybels Bill, Too busy not to pray, Downer Grove, IL. InterVarsity Press, 1998.

- Jamieson, R., Fausset, A. R., & Brown, D. Commentary Critical and Explanatory on the Whole Bible. Oak Harbor, WA: Logos Research Systems, Inc. 1997.

- Kistemaker, S. J. Comentario al Nuevo Testamento: Santiago y 1-3 Juan. Grand Rapids, MI: Libros Desafío. 2007.

- Manser, M. H. Diccionario de temas bíblicos. (G. Powell, Ed.). Bellingham, WA: Software Bíblico Logos. 2012.

- Nelson, W. M., & Mayo, J. R. Nuevo Diccionario ilustrado de la Biblia (electronic ed.). Nashville: Editorial Caribe, 1998

- Osiek, Carolyn, RSCJ "When You Pray, Go into Your (...) (Matthew 6:6): But Why? The Catholic Biblical Quarterly; Oct 2009; 71, 4; ProQuest.

- Parás Alberto. La Oración, una llave con poder. Puebla: Amistad La Paz, 2014.

- Piper John, A Hunger for God through fasting and prayer. Crossway, Wheaton, Illinois. 1997

- Real Academia Español. Diccionario de la lengua española (23a ed), 2014. Consultado en http:/www.rae.es/rae.html

- Ríos, A. Comentario bíblico del continente nuevo: San Mateo. Miami, FL: Editorial Unilit. 1994.

- Rowell Edward K. 1001 Quotes, Ilustrations, and humorous stories. Baker Books, 2008.

- The Holy Bible, English Standard Version. ESV® Text Edition: Copyright © 2001 by Crossway Bibles, a publishing ministry of Good News Publishers. 2016

- The NIV Life Application Study Bible, Grand Rapids: Zondervan, 1991.

- Underwood B. E. Sixteen New Testament Principles for World Evangelism. Georgia: Advocate Press, 1988.

- Van Oudtshoorn, Andre. "Prayer and Practical Theology." International Journal of Practical Theology 16, no. 2, (2012): 285-303.

- Water, M. The New Encyclopedia of Christian Quotations . Alresford, Hampshire: John Hunt Publishers Ltd. 2000.

- Willard Dallas. The Spirit of the Disciplines. Understanding how God Changes lives. New York: Harper Collins Publishers, 1988.

- Zapata, R. C. Comentario bíblico del continente nuevo: Filipenses. Miami, FL: Editorial Unilit. 1996.

OTRAS PUBLICACIONES DEL AUTOR

**AMADOS POR
EL PADRE**

**SALVOS
POR CRISTO**

**LLENOS DEL
ESPÍRITU SANTO**

LA ORACIÓN

**ADMINISTRACIÓN
SEGÚN EL REINO**